俺のアラスカ

伝説の"日本人トラッパー"が語る狩猟生活

Ito Seiichi
伊藤精一

作品社

俺のアラスカ

――伝説の〝日本人トラッパー〟が語る狩猟生活

［プロローグ］

オレはアラスカの罠猟師《トラッパー》

〈I〉オレの狩猟生活

[第1話]
1年の暮らし、オレの場合

[第2話]
念願の罠猟師になって

［第3話］
ハンティングも、これまたスリルだね

[第4話]

アラスカ中のクマから、指名手配をくってるオレ

[第5話]

ドール・シープを追うってのは、ハンティングの醍醐味だね

［第6話］
アラスカでの事故は、命にかかわるね

［第7話］
カヌーイスト野田祐介さんとの会話

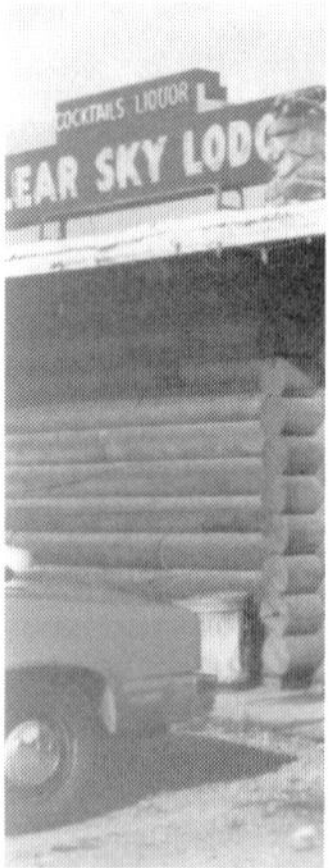
COCKTAILS LIQUOR
LEAR SKY LODG

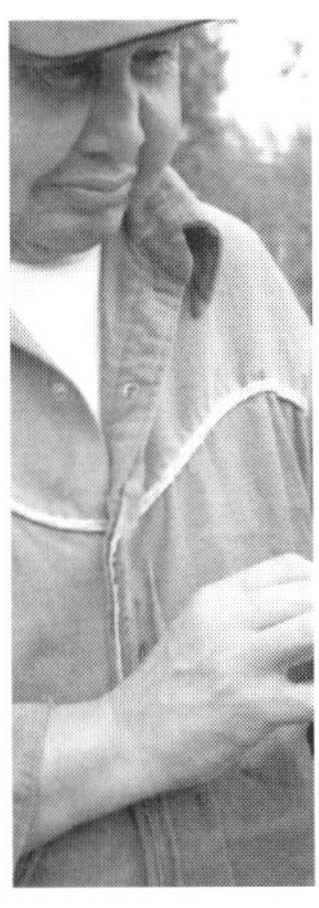

［第12話］
アラスカの友だちは、みんな変わり者

［第13話］
無人地帯に、8か月間一人暮らし

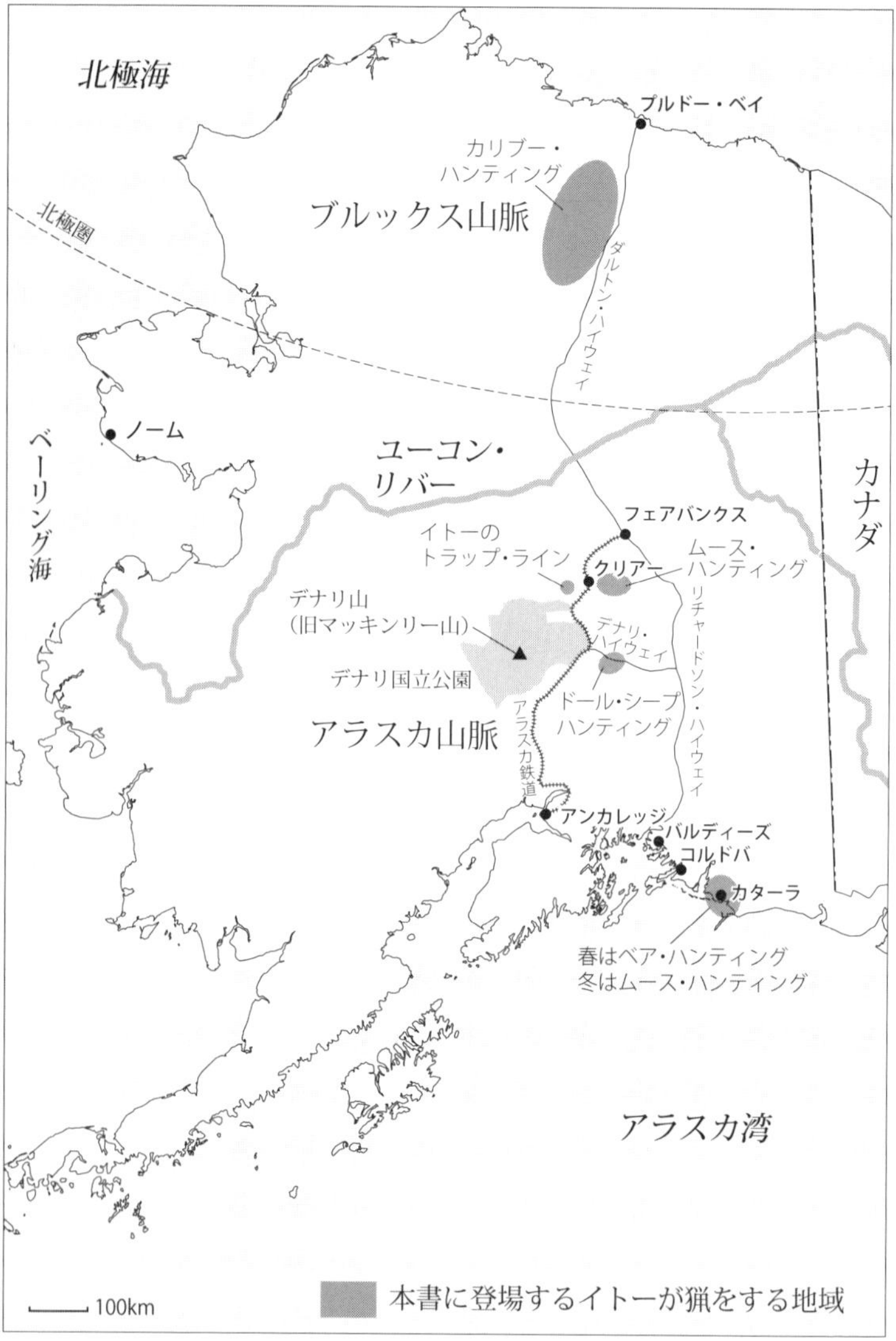

北極海
プルドー・ベイ
カリブー・
ハンティング
ブルックス山脈
北極圏
ダルトン・ハイウェイ
ノーム
ベーリング海
ユーコン・
リバー
カナダ
フェアバンクス
イトーの
トラップ・ライン
クリアー
ムース・
ハンティング
デナリ山
(旧マッキンリー山)
デナリ・
ハイウェイ
リチャードソン・ハイウェイ
デナリ国立公園
ドール・シープ
ハンティング
アラスカ山脈
アラスカ鉄道
アンカレッジ
バルディーズ
コルドバ
カターラ
春はベア・ハンティング
冬はムース・ハンティング
アラスカ湾
100km
本書に登場するイトーが猟をする地域

読者のみなさまへ

「ミスター・アラスカ」「クレイジー・ジャップ」「伝説のトラッパー（罠猟師）」……。本書は、数々の呼び名をもつ、伊藤精一氏の語りをまとめたものです。

伊藤（イトー）氏は　アラスカ原野で、トラッピング（罠猟）やハンティングによる狩猟生活を、30年にわたり送っていました。仙人のような白くなった髭の奥からとどろく濁声で語られるのは、生傷絶えない彼の体で体験してきた、むき出しの“アラスカ狩猟物語”です。

現在、アラスカは、「最後の秘境」「魅惑のオーロラ」を求めて、世界中から観光客が押し寄せ、開発によって原生林が切り拓かれ、温暖化によって氷河が消えるなど、その姿を変えつつあります。また、動物愛護運動の普及による毛皮の暴落などによって、罠猟で生計を営むのは困難な状況にいたっています。ここで語られている狩猟生活は、アラスカが本当の「最後の秘境」であった時代の、大自然と野生動物、そこで必死に生きる人間たちの織りなす“最後の物語”の一つとなるでしょう。

＊

本書は、1986年から98年頃にかけて録音されたイトー氏の語りを、語り口をできるだけ生かして文章にして構成したものです。内容的な修正は基本的に加えておりませんので、時制も録音した時点のままになっています。また歴史的な事実関係についても、あくまでイトー氏の記憶のなかのものですので、不正確なものや思い違いがあるかもしれませんが、あえてそのままとしました。

また、本書の中では、先住民について「インディアン」「エスキモー」という語を使っていますが、これは、当時のアラスカでは、先住民本人を含めて、まだこのように呼ぶことが多かったため、歴史的な事実として、そのまま使用しました。

（編者）

この本を、娘の七絵と夏子に捧げます

プロローグ

オレは、アラスカの罠猟師《トラッパー》

零下20度、オレは冬のほうが暮らしやすい

アラスカの冬は寒いけどね、オレは**冬になるのが**待ち遠しいんだ。なぜか、冬がぴったりくるんだよね。3月になって、雪がどんどん解け始めるでしょ。ほんとね、なんか、冬があんまり急に過ぎていっちゃうのが、寂しい気がする。

オレは冬のほうが好きなんだよね。夏になると、あちこちから外野ががーがー来て、いろんなこと、あーでもない、こーでもないって外から言ってくるでしょ。自分のやりたいことができないんだ、なかなか。だから冬になると、そういうもの、**いーっさい、いーっさい、**なくなってっていうか、耳を貸さなくてもよくなって、トラッピング（罠猟《わなりょう》）のことだけ考えられる。

ある年は、気温も安定していて穏やかで、非常にいい冬もある。だけど、毎年、同じ川を渡っていても、

アラスカの原野に設営されたキャンプ

氷の状態は、毎日違う。もう20年以上同じ猟場でワナを掛けているというのに、川は刻々と表情を変えていて、同じだったことがない。ある年の冬は、4か月の猟期のうち、半分しか出かけることができなかった。調子がいい年は、ほとんど毎日なんだけどね。ま、でも、さすがにマイナス40度、50度になったら出かけられないけどさ。そうね、マイナス20度前後だったら、**そら来た**って感じで、毎日、それこそ休みなしだね。

天気が悪いときもね、無理して行けば行けるけども、そこまでやると、なんか事故が起きたら困るからね、行かないようにしてる。事故が起きたら、人に迷惑かけるから。

トラップ・ラインは、インディアンの師匠からもらった

罠猟をする土地は、インディアンの友だちから、**むかーし**から使われていた縄張りをもらった。「**トラップ・ライン**」っていうんだよね。ようするに獣道《けものみち》で、犬ぞりやスノーモービルで行く道なんだけどね、それがさ、だいたい片道が全長で150キロぐらい。**すっごい**広大な土地なんだ。その先には、また違うインディアンの人の縄張りがある。そのだだっ広い雪原に、オレ、**たった、たった、たった、一人なんだ**。スノーモービルが壊れたときに、「**助けてくれっ！**」て叫んでも誰も来てくれない。

そういう状況のなかに放り出されて、**いやぁ、最初は怖かった**。自分の縄張りっていったって、150キロから200キロなんていう長大なトラップ・ラインを、ぜんぶ管理することなんかできなかった。怖くて、トラップ・ラインの端まで行けなかったんだ。

だけど、2年経ち、3年が経つと、**どんどん**遠くまで行けるようになった。経験とか体験とかで度胸がつくというか。しまいには、インディアンが驚いてるのね。

「**おまえ、**こんなところまでよく来たな！　なんか、そのへんに小屋《キャビン》でも造ったのか？」って言うから、

「ないよ」って答えたら、

「えっ！」って、びっくりしてる。

それから言われた。

「気をつけろよ。ここでスノーモービルが壊れたら、おまえ、帰れないぞ」。

そんなところまで行っちゃったんだ、**ハハハ**。

最初のころは、猟場の1か所に、何日もとどまって猟を続けた。なぜそうなるかっていうと、1つ目か2つ目の川っていうと、だいたい70、80キロ行ったところなんだけど、その川のあたりで獲物がよく捕れるんだ。そこでバンバン捕れ出すと、もう自分の家に帰ってくることができない。往復する時間がもったいないんだ。

それで、そのへんに、泊まることができるトラッパー・キャビン（罠猟師小屋）を造った。森のなかに隠すように丸太でね。あとでアラスカ州に取り上げられちゃったけど、ハハ。そこに食糧や燃料なんか、**ばんばん**運んで、泊まり込んで、そのへんで罠を掛ける。掛かった獲物を小屋《キャビン》に運び込んでは、皮を剝いで、木に貼り付けて、乾かして……。で、皮がたまると、自分の家——これも小屋みたいなもんだけど——に持ち帰ってきて、ひとまず皮を家に置いておくか、もしくは町へ行って毛皮商に売るかして、食糧をたんまり持って、また、トラッパー・キャビンに出かけて行く。獣がたくさん捕れるときは、それがで

きるんだ。うん。

トラップの道具

罠は、ミンクやテン（イタチ）を捕る小さな罠から、オオカミを捕る大きな罠まである。昔はクマを捕る、バカでかい罠まであった。クマの罠っていうのは、**とてつもない危険なもので、**人間が誤ってはさまったら、足の骨が**バッラバラ**になるほどすごい。これはもう法律で禁じられていて使えないけど。ニナナの鉄道博物館に、確か展示してあったな。今、法律で許されている大きな罠は、オオカミまでだね。でかいやつ（罠）に人間の足が掛かって、はずす手段を知らなかったら、そのまんま足が食い込んで、鉄だからどんどん寒さが浸透して、凍傷になって、足を膝から切断しなきゃならなかったり、とんでもないことになるだろうなぁ。トラッパー（罠猟師）だったら、（罠を）外す技術を持っているから問題ないだろうけど。だけど履いてるブーツの種類によっては、骨折するかもね。バニーブーツ★みたいな、ごっつい物を履いていれば大丈夫だね。

★バニーブーツ。アラスカをはじめ極寒地の代表的な防寒靴。白いウサギ（バニー）の胴のような靴型をしているため、このように呼ばれる。

普通の罠は、ちょっと雪を払って、雪のなかに罠を埋め込んで、きれいに雪をかぶせて、あとはもう触わんなきゃいいんだ。そのあと、雪が2、3回降ってくれれば、周囲とまったく変わんなくなるから、オオカミでもヤマネコ（リンクス）でも捕れる。ま、オオカミはあとで説明するように、そんなに簡単に捕

［上］手にトラップを持って、キャビンから出てきたところ、後ろにぶら下がっているのは、テンの毛皮。（88年冬）
［下］クリアの自宅のトラップ。先住民の罠猟は家族ぐるみで行なうが、イトーは、たった一人で猟場を広げていった。（91年夏）

れるシロモノじゃないけど、ふつうは、罠の上を動物が通ると、**ガチャン**となるわけ。

自分の手を罠に掛けちゃったり、という失敗もあったよ、ハハハ。雪が**ドーン**と積もったとき、スノーモービルを近くに停めて、横着してスノーモービルの上から手を伸ばして雪を払ったときに、バーンッ！とやられたことがある。手袋をしていたから手は大丈夫だった。すぐそれを外すことができたし。でも、知らない人が掛かったら、やっぱりエラいことだろうね。罠は、近くの枝か木に縛り付けてあるから、外し方がわからないと、そこから動けなくなっちゃう。大きな手袋をしていて遊びがあれば、抜けるけどね。

罠は600個ぐらい持ってる。罠の対象となる動物がたくさんいるときは、600個じゃ足りないほど。人から借りてまで、600プラスの罠を掛ける。罠は鉄製で、600個となるとたいへんな量、重さもすごい。それを逐次、毎日、数十個ずつスノーモービルで運んでいって仕掛けてくる。猟期が終わっても、あんまり多すぎて家に持って帰れないときもあったね。そんなときは10個ずつぐらいまとめて、森のなかの大木とかにぶら下げておく。目印を付けておくと誰かに盗られちゃうから、自分だけがわかる木にね。鉄製だから錆び込んでくるけど、ぶら下がっているだけで人間が近づくことはないから、匂いとかがつかなくて、またそのままセットすると、けっこう使える。それから罠は、最低3年に1回ぐらい、ハンの木の皮と一緒にドラム缶で煮ればいい。1回煮詰めたら、また3年ぐらいもつんだ。

インディアンの家族とかは、5、6人で1000個ぐらいの罠を、ひと冬に掛ける。一人で600個というのは、まぁ、たいへんな数だと思うけどね。

かなわない。オオカミとの知恵比べ

アラスカのオオカミはねぇ、体重が50キロも60キロもある。とてつもない力のある動物で、敏捷で、利口なんだ。

だから、この動物を捕まえるには、中途半端な罠じゃぁ**ダメ**。**も〜のすごい、も〜のすごい**、バネの強い鋼鉄の罠を使う。罠が**ガチーン**と締まるスピードが速くないと、オオカミは罠を踏んだ瞬間に、パッと逃げちゃう。向こうも命かかってるけど、こっちだって命がけだよ。ものすごく強いスプリングを使ってるんで、スプリングを開いて罠を掛ける仕事は、**すっごい**危険なんだ。罠をセットするときに、**パーンとスプリングがはじけてさ**。指の骨とかを砕いた人なんて、何人もいる。**怖いよぉ〜**。

オオカミはふつう、20頭から30頭ぐらいの群れで暮らしてる。若いオオカミは、まだまだ人間ができないっていうか、オオカミができてないけど、群れのなかには、年取った経験豊かなオオカミが、2、3頭、必ずいるんだよね。そいつらが、群れを守ってる。だから、オオカミを捕りたかったら、まず、その経験豊かな長老を捕まえなくちゃぁならないんだよ。そいつと対決しなくちゃダメさ。そうなると、オオカミのボスとの**知恵比べ**のような形になるんだな。自分の今までの罠猟の経験とかを生かしてさ、全力を尽くしてオオカミと罠で闘う。ボスが掛かったら、あとはシメたものでさ、若いオオカミはバタバタと掛かっちゃう。統率してくれるボスが、いなくなっちゃったわけだからね。

でもさ、オオカミの年寄りっていうのは、**ものすごい利口で**、何回も悔しい思いしたね、**オレ**。掛けた罠の、すぐ近くまではやって来るわけさ。ところが、人間の罠だって見破るやいなや、なんと、そっこら中の雪を掻きだす。で、罠につながってる鎖とかワイヤーとか、そういうものを掘り出して、引っぱり出して、雪の上に放り投げて逃げていく。「**ザンネンでした**」ってな感じでね。まるで、人間にこれ見よがしにね……。

そのくらい、利口。そういうオオカミに出会ったらもう、なんていうかなぁ、あきらめるか、**とことんまでそいつと闘うか**、どっちかだね。だけどさ、そのオオカミ1匹を捕まえるのに集中し始めたら、ほかのことが何にもできなくなっちゃうね、**ハハハ**。今までつちかった、**あっらゆる経験をフルに使って**、そのオオカミと**全力で対決する**ことになる、うん。

人間をバカにする、長老オオカミ〝ビッグ・マザー〟

オオカミの群れっていうのはね、家族で構成されてる。その群れのなかに、長老が2、3頭いて、特に、なかでも年を取ったメスのオオカミがいたら、**ぜーったいに、ぜったーいに、**罠になんか掛かってこない。「**ビッグ・マザー**」みたいのがいるわけだ。そいつがいたら、まず**ダメ**さ。**かなわない**。その年寄りを罠に掛けないかぎりはね。

ところが、その「ビッグ・マザー」ってやつは、罠を熟知してる。さっきも言ったけど、掛けてある罠を雪の中から掘り出して、放り投げていったりするんだから。

こんなことがあったよ。オオカミが首を入れると、ワイヤー（針金）がギュッと締まるように作ってある罠があるんだ。

ところが、オオカミの足跡が、そのワイヤーが締まるぎりぎりのところまで付いているのに、罠にはかかっていないんだ。

これって、ビッグ・マザーみたいな利口なオオカミが、罠だってわかっていて、頭をわざと途中まで突っ込んで、そこから後ずさりして戻ってるんだよね。これは、**もう完全に**、罠を仕掛けた人間を、**バカにしてる**としか思えないね。罠に頭突っ込んで、そこからまた戻ってるんだからさ、へっへへ。

「おまえ、仕掛けただろう、わかってるんだぞ」って感じでね、**ホントに**、**人間をバカにしてる**。そういう場面に何回も出会った。オオカミは、とにかく想像もつかないくらい、冷静というか、なんというか、用心深いっていうかねぇ……。

ふつうさ、掛けた罠の上に新雪が積もっちゃえば、表面的にはわからないんだ。人間が見たら、そこに罠があるなんて、**ゼッタイ**にわかんないよ。それをどう察知するかって？　おそらく鉄の臭いとか、人間の臭いとか、ほんの少しの雪の表面の乱れとか、なんだろうね。でもさ、オオカミだって完璧じゃない。たまにミステイクやって、罠が掛かっているところに、うっかり踏み込んで掛かっちゃうこともあるね。

そういうときは、**ラッキーだね、人間は**。

四六時中、オオカミのことしか頭になかった

まず、鉄の罠の臭いを消すために使ったのが、ハンの木。そうね、直径5センチから10センチぐらいで、丈が1メートルぐらいの長さの幹をたくさん切って、山から束にして運んでくる。で、皮を剥いて、その皮を、水を張った大きなドラム缶のなかに罠をいっしょに放りこんで煮詰める。すると、真っ黒な重油みたいな汁が出てくる。そのなかに繊維を入れると、濃紺のいい色に染まるんだ。日本じゃ、木綿とかの染

物に使ってるよね。鉄も同じことで、汁のなかに30分ぐらい罠を浸しておくと、真っ黒に染まって、３年ぐらい錆びないんだ。しかも、鉄の臭いが消えちゃうわけ。このハンの木の皮の煮沸を、毎年、こまめに繰り返せば、鉄の臭いのしない、木の臭いが染み付いた罠ができあがるわけ。そいつはね、**ぜったいに**素手で触っちゃいけないんだ。ガソリンとかオイルの臭いがつかないように、新品の手袋をはめて、雪のなかに仕掛けるんだ。

ところが、それでもオオカミに気づかれちゃうんだな。それだけ神経を使ってもさ。罠に臭いがついてなくても、靴の裏についてるスノーモービルのガソリンの臭いとか、油の臭いとか、するんだろうね。たとえば数頭のオオカミがやってきて、人間の足跡とかスノーモービルが通った跡に、突き当たるだろ。あいつら、どうするかっていうと、その足跡を飛び越える代わりに、Ｕターンして戻っちゃうんだ。**とにかく利口だよね**。

そのくらい用心深い動物を、いかにして捕ろうかってさ、毎晩寝るときでも、暇さえあれば、そればっかり考えてる。だけど家族がいるとさ、子どもがああでもない、こうでもない、カミさんがどうのこうのって、考えを乱されるわけ。なんていうか、精神を統一できないんだな。前は山んなかに一人だったから、四六時中、オオカミのことしか頭になかった。不思議なことに、人間って何かに集中すると、すばらしいアイデアが出てくるんだなぁ、これが。

もぉー、ありとあらゆる手段を使ったさ。あるとき、20頭ぐらいの群れだったかな。猟場にオオカミが殺したばっかりのムースが横たわってた。もう半分ぐらい食べられてて、あとはまだ残ってた。そこで、**それきたっ**てな感じでね、死んだムース（ヘラジカ）のまわり10メートルから、ぐるっと１５０メートルぐらいの範囲で罠を仕掛けていった。だけどさ、その群れは、戻ってこなかった。肉はまだ手付かずの分があるのにさ。やつら、二度と脚を踏み入れなかったさ。まったく用心深いったら、ハハハ。ぜったいに、その近くまで来てたはずだけど、罠の臭いとか人間の臭いに感づいたんだろうねぇ、きっと。オオカミは捕れなかったけどさ、その代わり、キツネとか、コヨーテとか、ヤマネコとかさ、おかげでいっぱい罠に掛かってくれたけどね、**ハハ**。

ま、そんときはダメだったけど、オオカミが捕った獲物のまわりにたくさん罠を張るのが、いちばん効果があって捕りやすい方法だよね。ムースみたいに大きな動物だったら、1回じゃ食べきれないから、必ず肉が残ってる。そういうのを見つけたらシメタもので、オオカミが通りそうな周辺に何十個も罠を掛けていく。そうすると、そのうちの1つか2つに掛かることがある。その程度の確率だね。

だいたいさぁ、そんなふうにオオカミと「対決」してたら、ほかのことがおろそかになっちゃうよね。ある時点で、オオカミを捕まえることはあきらめるか、さもなければ、ほかのことはいっさいおかまいなしにして、オオカミと「対決」するか、どっちかだね。

なっかなか罠に掛かってくれない、そういう賢いオオカミが現われたら、今のオレだったら〝**ギブ・アップ**〟する。生活があるからね。かまってらんないよ。勝手にやってくれ、っていう感じ。群れの親分がメスだったら、もう**すぐ、ギブ・アップ**、はい、ハハハ。

オレのオオカミとの〝全力対決〟

でもね、オレも初めね、しばらくはオオカミ捕れなかった。どうせ捕るんならさ、お金がどうとか、毛皮の質がどうとか、っていうんじゃなくて、群れのリーダーになってるようなオオカミを、自分の罠で捕りたかった、うん。古い年とったオオカミを、なにがなんでも捕りたかったねぇ。でも捕れない。**なっかなか**捕れなかった。オオカミは、それは用心深い動物だからねぇ。ヤマネコとか、キツネとか、コヨーテとか、テンとかは、いっくらでも捕れるんだけど、オオカミだけは**ダメだった**。ま、罠猟は、その年の天候や運もあるだろうけど、オオカミを罠で捕らえる名人って言われているインディアンの人でも、一生懸命やって、そうね、冬に、5、6頭捕れればいいほうだね。

地元のインディアンのあいだでは、「おまえは日本人だから」って、よく言われてたんだよね。「（土地のことを知らない、よそ者だから）そのうち氷でも割れて、湖か川に落っこちて、行方不明になっちまうだろう」って。冗談だけどさ、そんなふうに言われていただけに、地元の人間ですら、なかなか捕れないような、立派なオオカミを捕ってみたかった。

1980年の終わりだったかな、初めて、ついに真っ黒な毛皮の——体重が55キロぐらいあったかなぁ——オスのリーダーを捕ったときには、真っ先に師匠のインディアンのトムのとこに持っていって、「**見てくれよ！　やったぁ‼**」って報告したよ。

おかげで、やっと、なんか〝**仲間だなぁ**〟って認めてくれた感じだった。それまでに**10年かかったよ、10年**。

ありとあらゆる手を使って、オオカミをおびき寄せて、ついにそいつが罠に掛かったときには、なんていうのかなぁ、「先住民みょうり」っていうのかなぁ、**ハハハ**、そういうの、感じるね。同じモンゴロイドの血だからかな。オレがほかの州から来た白人だったら、そこまでの気持ちは味わえなかったと思うけど。ネイティブの人たちはね、利口なオオカミと闘って、それを捕ったときには、体中で喜びを現わすん

捕らえた灰色狼の毛皮。オスのリーダーで、50キロ強。狼を捕らえたことで、先住民のトラッパーたちに「仲間」として認められるようなっていった（81-82年頃冬）。（本文で語られている「黒狼」とは異なる時です）

だ。

「勝ったーっ！」ってね。**ほんと、まさに動物と人間の知恵比べだよ**、これは。

（本書はすべて、１９８６～９８年頃にかけて録音されたイトー氏の語りをまとめたもので、時制は録音した時点のままになっています）

〈I〉オレの狩猟生活

［前頁の写真］
［上］極寒の雪原で。（1990 年頃）
［下］アラスカ山脈中腹のテポラ山と氷河を前にして、ライフル片手に、ドール・シープを追う。（1986 年）

第1話
1年の暮らし、オレの場合

デボラ山（旧マッキンリー山）の麓で。（1988年夏）

1年の暮らし、オレの場合

オレのアラスカの冬は、11月から翌年の2月まで。短くって短くってしょうがない。11月に罠猟が解禁になって罠を掛け始めると、**もおぉぉ、追っかけ**られちゃう、**とっとっとっとっ**、てね。

冬になると、感謝祭だ、クリスマスだって、近所のパーティーに呼ばれるんだけどさ、5時に仕事から帰ってきてから行きますって、そういう仕事じゃないでしょ、罠猟って。だから1日休まなくちゃならない。**その1日が大切なんだ**。たとえば、その穏やかな1日を逃したおかげで、そのあと3日、4日、気温がぐーんと下がったり、吹雪になったりするわけ。そうなると、それも休まなくちゃなんない。とにかく、そうやって天気のご機嫌をうかがっているうちに、**あっという間に3月**になっちゃうんだ。冬のほうが暮らしやすいってことだね、うん。

山んなかに住んでいると、罠猟なら罠猟っていう感じで、あとは暇そうにしてるなんて、町の人は思ってるみたいだけど、これが違うんだなぁ。

11月の1日から、罠猟期が始まる。ま、だいたい、状態が悪いと2月末までだけど、状態がよければ3月の半ば過ぎまで続くんだよね。で、3月はおもに、仕掛けた罠を猟場から、クリアーにあるわが家のキャビン（小屋）に持って帰って、整理する時期なんだ。だいたい3月の末ごろまでかかるね。その合間に、薪の切り出しに出かける。薪を運ぶトラックが壊れたら、1日でパッと直さなくちゃなんない。ガレージなんかないから、外で直す。まだ雪もあるし、凍るし、冷たいし、たいへんだよね。

罠を煮沸消毒して、きれいにかたづけたころ、今度は、冬眠明けのクマのハンティングの支度が始まるわけ。いろいろ食糧や必要物資の買出しをしたら、それを大きなトラックに積み込んで、南のバルディーズってとこまで、1日がかりでドライブしていく（約720キロ）。で、フェリーで、トラックごとコルドバ（太平洋岸の港町、現在の人口は2000人ちょっと）まで運んでもらって、ハンティングの親方のジム――この人は、じつはクリアーの隣人だけどね――の待つ小型飛行機に荷物を積み替えて、ジムと相棒のブッチの猟場があるアラスカ湾沿いのカタ－ラっていう無人地帯まで、そのセスナで何回も行ったり来たり往復するんだ。クマのハンティングをしながら、だいたいカタ－ラには5月末までいるね。

で、また数日がかりで、クリアーに帰ってくると、夏が待ってる。うん、6月、7月は、わが家のキャビンのことで忙しい。水道が壊れてたら直すし、頼まれたら大工仕事もするし、車を直したりとかね。春に切り出しておいた木を薪用に斧で割って、山のように積み上げたり……。ひと冬分だから、キャビンと同じぐらいの量の薪を積まなくちゃなんない。釣りも行くしね。**あっという間に**、時間が過ぎていく。

で、7月の末になると、またハンティングに出かける準備に忙しくなる。8月の10日ごろから、ドー

［上］長い冬に備えて、薪ストーブにくべる1年分の薪を斧で割って積み上げている。
［下］クマやリスから食料を守るための食料庫〝キャシェ〟。現在は、観光用として展示されている。

ル・シープ猟か、カリブー（トナカイ）猟のどっちかに出かける。シープはアラスカ山脈のほう、カリブーだったら、北極圏のブルックス山脈を越えていかなくちゃなんない。9月は、アラスカでもっともポピュラーなムース猟が始まるんだ。ハンティング・ガイドの仕事をやってなかったころは、クリアーの地元の連中と、このへんでムース探してたけど、ここんとこ、クマのハンティング・ガイドの仕事でカターラまで行って、ムースのガイドもするようになった。また長い旅をするんだ。クリアーのわが家のキャビンに帰ってくるのが、10月の半ばになることもある。そしたら、11月から始まる罠猟シーズンに向けて、たったたか、たったたか、**まーすます忙しくなる**。

アラスカでなんとかやっていけるまでに、5年くらいかかったね。

オレが来たころは、70年代前半。まだ石油パイプラインの工事が始まる前だったからね、仕事はないし、物価は高いし、アラスカに人がいつかなかった。冬になると寒いし、生活できないから、南へ南へって、どんどん人が出て行っちゃった。そこへパイプラインの建設工事が始まった。70年代の半ばごろね。アメリカ中から人がやってきて、たいへんなブームになっちゃったんだけど、でも、それがひと段落すると、みんな、またアラスカから離れていこうとするじゃない。

そこで、なんとか人々を引き止めようとして、州政府が「5年間住んだら、おまえにその土地をやる」とか、「税金はいらない」とか、いろいろやった。人がいなくなったら、アラスカは本当に困っちゃうからね。そうやって、なんとか引き留めようとしているんだけども、やっぱりアラスカでは住めない、って言う人がかなりいる。冬が厳しすぎるからね。

冬の山んなかの丸太小屋は、ネズミとリスとの生活をかけた闘い

でも、なかには、**文明みたいのを100%無視して**っていうか、拒否して、山んなかに丸太小屋を建てて、丸太と丸太の隙間に苔《こけ》を詰めて、苔をかじって入ってくるネズミをピストルでバンバン撃ちながら、また隙間に苔を詰めて……。そうやって暮らしている人がいるんだな。面白いね。すごいよね。山んなかに住んでると、それこそ、ネズミとの闘いでさ。**こーんなちっちゃい**（4、5センチくらい）ネズミがね、いちばん手強いんだ。鼻がギュッと尖がった、〝シュルー〟っていうネズミなんだけどね。象の鼻先みたいにとんがってるんだ、これ。**もーのすごい獰猛《どうもう》**で、ちっちゃいからね、丸太の隙間の苔を突き抜けてくるだろ、ちっちゃい穴があれば来るんだよ。人間の匂いとか、植物の匂いとか、嗅いで来るんだよね。で、ちょっとそのへんに喰い物でもあれば、**もーう、ひと晩中、喰い散**らかしてから出て行くわけ。

そんなやつが、年がら年中、侵入してくる。夜寝てるとき、オレの顔の上を**ダダダッて走って**いくんだからね。**このやろー、ってあったま来てね、**仕返ししてやった。

ある夜、コールマンのランタンをどーんと部屋の真ん中に置いて、パン屑とか、いろんな食糧の屑を床にばらまいておいて、ピストルの弾をぜんぶ22口径のピストルに詰めて、予備の弾もそばに**どーん**と置いて、待ってたんだ。

来たっ！　トンガった鼻が、すーっと入ってくるだろ。**バーン**。その肉を食べに別のネズミが出てくる**と、また、バーン。それがね、撃っても撃っても、撃っても撃ってもね、**来るんだよね、**次々と**。そのくらい、たくさんいるんだ。**ネズミとの闘い**って感じだったね。

山ん中に住んだらね、食糧でもなんでも、ドラム缶とか、フタ付きの大きなポリバケツとかに入れておかないと、えらいことになる。**あっ**と気がついたらもう、ネズミの糞だらけになってるんだから。アラスカでは、〝キャシェ〟っていう小さな丸太小屋風の貯蔵庫を、高い柱の上に造ったりするんだけど、クマに食べられないようにね。でも、このシュルーっていう、ちっちゃいネズミは、どこにでも登っていって、入っちゃうからね、**ダメ。すごいよ。**凍った肉にまでアタックするからね。これまたネズミの糞だらけさ、ハハハ。

「もっと簡単な退治方法があるぜ」ってね、インディアンのトムが教えてくれた方法がある。自己流の罠の一種なんだけどね。まず、1ガロン（3・76ℓ）のコーヒーの大きな缶に、水を半分入れる。次に、缶の上の開口部に針金を張る。張った針金の真中に小さなプレート（小皿）を貼り付ける。その小皿に、クラッカーとかチーズなんかをピーナツバターでくっ付けておくんだ。針金1本の上に貼り付けた小皿が載っかっているわけだからね、ネズミが餌を取ろうと小皿に乗ると、**皿がくるっと回って、**ネズミが水の中に落っこっちゃう仕組み。

これは捕れたね、次から次と。日本のネズミみたいにでっかいと、缶のなかから這い出してきちゃうけど、シュルーだったらね、こんなちっちゃい缶のなかで溺れちゃうわけ。**くるっと回って落っこちて、くるっと回って落っこちてってね、**これは効率よかったよ、**ハハハ。**

ネズミ捕りの罠なんかも使ってみたけど、これは仕掛けたあと、罠を捜してバネを開いて、ネズミを処理しなくちゃなんないから、たいへん。その点、缶だったら、毎朝、外に持っていって、水ごとゴミだめに捨てるだけでいいんだからね、簡単だった。

フェアバンクスに住んでる友だちが、空き巣に何回もやられたんだ。で、彼に「その空き巣を、罠に掛けて捕まえてくれ」って頼まれたんだけどね。いくら罠猟が本職だからって、人間をあの鉄の罠でバチーッと掛けることは、やりたくたって法律上できないから断わったんだけど。そんなこともあったねぇ。**罠っていうのは、そんなに気軽に扱えるもんじゃぁない**っていうんだよね。家がある近所じゃ、ぜったいやっちゃいけないしね。飼い犬とかが掛かっちゃうから。

山奥のキャビンに住んでたりすると、リスの害が多いんだよね。食べ物をチョロまかしたり、壁の断熱材を失敬して自分の巣を作ったりさ。それやられちゃうと、室内の暖房が外に漏れちゃって、暖房費や薪の使用量がかさんで大損害なんだ。だから、残酷のようだけど、仕方がないから、鉄砲でポンポンと撃つか、ちっちゃい罠で捕まえたりするんだ。こっちの生活を守るためにね。

とーにかく、いちばんオレたちが被害を受けるのは、そのネズミと、あと、地リス。ハンティング行くと、グラウンド・スコイルっていう、ちょこーんと立ってる、かわいいのいるだろ。そうそう、デナリ公園なんか行くと、道にひょっこって出てくる、**あれ、あれがすごいんだよ。**あれはとにかくね、テントを**びちーっと閉めといても、**テントのどっかを喰い破って、穴開けて入ってきてね、もぉー、パンから何から、ありとあらゆる物まで喰い破っちゃうんだ。

シープ猟とか、カリブー猟とかで、山の上でテントを張るだろ。その前にまず、グラウンド・スコイルの穴を捜すわけ。穴を捜したら、そんなかにでかい石を詰めこんで、穴をどんどん片っ端からふさいでいくんだけど、最後の数個、残しておくんだ。そしたら、その穴から出てくるわけだ。オレたちゃあ、そこで待ってて、**じーーっと待ってて、**根気よく待ってて、出てくるまで待ってて、出てきたら**パーン**と撃っちゃう。出てきたら**パーン**、また出てきたら**パーン**。それしかないね。

犬がいれば、もっと簡単なんだけどさ。犬がハンティング・キャンプにいると、いろいろ問題が起きるんで、アラスカはね、犬を使っちゃいけないんだ。だから22口径持ってってって、最初にキャンプに入った日にゃあ、グラウンド・スコイルを退治することに専念するんだ。

なかにはね、このグラウンド・スコイルを撃つ名人みたいのがいるんだよ。そんでね、大口径のライフルに、特殊な弾を詰めて自分で構えてるんだ。ものすごく火薬量があって、遠射が効くやつね。たとえば湖が、こう広がってるでしょ。湖のこっち岸から向こう岸にね、地リスが、5、6匹立って見てるわけだ。何やってるのかなって、みんなで立ってオレたちを見てるんだよね。それをね、そいつはライフルを地面に**ぴたーっと置いてね**、片っ端から撃っていくんだ。そういうヤツがいるんだよ。**すごいよ**。大口径で撃つだろ。あのスコイルね、弾が当たると、もうそれこそ何もなくなっちゃう。ぶっ飛んじゃう、破裂しちゃって。そのぐらいすごいんだ。**パターンコ、パタンコ、パタンコ**、片っ端から撃っちゃう。そういう名人みたいの、いるんだよ、ときどき。

それ見てるとね、かわいそうでね、オレなんか、せめて焼き鳥みたいにして食べたいほうだけど、大口径で撃っちゃうと、跡形もない。どっか飛んでっちゃうからね。22口径で撃ったら、食べるよ、うん、腿《もも》のとこ、集めといてね。もう焼き鳥みたいに焚き火であぶってやるとね、おいしいよ。

残ったところは、湖に投げる。湖には、でっかい40、50センチの**レイク・トラウト**（イワナの一種で40キロを超えるものも）っていう、獰猛《どうもう》なのがいるんだ。これが、それをあさって集まってくるわけ。だからね、ころあいを見計らって、リスの肉をつけて**ぽーんとやると**、バカみたいに釣れる。次から次へと。ここだけの話だけどね。これ、やっちゃいけないんだ、ほんとはね、**ハハハ**。

［上］釣り上げたレイク・トラウト。イワナの一種で40キロを超えるものもあり、きわめて獰猛。

［下］ベア・ハンティングのガイドの際の装備。手にはライフル、腰には弾丸とナイフ、護身用のピストルを肩にかけ、首には双眼鏡、レインコートを着て、ヒップ・ブーツを履いている。（1987年春、カタープのサブ・キャンプにて）

この魚は、獰猛《どうもう》、獰猛《どうもう》。**すごいすよ。**血の匂い嗅いだら、**うわーっ**と集まってくる。ハハハハハ。

バーに入る時は、ピストルをバーテンダーに預けてから

山んなかに住むには、最初はATV（全地形型車両）の3ホイール（3輪バギー）、それから4ホイール（4輪バギー）で、スノーモービルとか、鉄砲とか、弾とか、食糧とか、金がかかるものがたくさんいる。まず金がなくなってくるんだけど、仕事はないし、仕方がないから、ムースやクマを撃って食糧にするかって捜すんだけど、ぜんぜん捜せない。素人だから、どこに行って捕っていいかわかんないんだ。たいがい、1年か1年半で、若い人はギブ・アップしちゃう。造りかけのキャビンがさ、山んなかのあちこちに腐って建ってるよ。

だいたい2年、そうね、3年がんばってるとさ、アラスカで生活するための知恵みたいのが出てくるわけ。ペースがわかってくる。近所の人とも顔見知りになるし、やっと生活の基礎みたいのができてくる。で、4年、5年と山のなかにいれば、もう**立派なアラスカ山男**になってるね。

すっごいのいるよ。ズボンなんか、薪ストーブのすすで**真っ黒のテカテカ**でさ、シャツなんか、もう油で**ピッカピカ**になっててさ、そんでやっぱり、**テッカテカで真っ黒の**バックパック背負ってさ、山から出てくるんだ、ハハハ。こんなでかい（30センチくらい）ナイフやピストルぶら下げて、ムースの血とか、クマの血で汚れちゃってよ、もう**テッカテカになっち**ゃってんの。

「クリアー・スカイ・ロッジ」っていう近くのバーに、だいたいみんな寄るけどさ、山から来た人は、若

い女の子でさえ、こんなでかいナイフやピストルぶら下げてるよ。ピストル持ってはバーに入れないからさ、バー入る前にピストルを腰からはずして、バーテンダーに預けてる。

とにかく、木を切っても、山奥から木を運ぶ技術も機械もないし、だから薪にして売って生計立ててたりするんだけど、ぜんぜん採算が合わないし、**とーにかく、山んなかに住んだら、**仕事はない、金はない。しょうがないから、日本で言う「生活保護」を受けるわけ、州政府から。そうすれば間違いなく、月々、人間が生きていくだけの最低限のものが入る。それにプラス、密猟したりして生きていくわけ。それこそ、**目つきが違うよね、目つきが、ぜんぜん。**ま、ちょっと怠けてれば、ムースは捕れない、クマも捕れない。食糧が干上がっちゃうからさ、かなり厳しいよね。ただ生きていくだけ。そんで「**なぜ、おまえ、そんなとこに一人で住んでるのか**」って聞くと、「**オレは、こういうのが好きなんだ**」って、「**オレのやり方でやってるんだ**」って。そういう人たちの半分ぐらいは、人間嫌いが多いね。あまり人と口を利かない人、うん。

昔、ここ（クリアー）に来たばっかりのころ（1970年代終わり）ね、一見、真っ平らの林ばっかりでさ、どこに人が住んでるか、よくわかんなかった。未舗装の細い道があっても、標識も、日本みたいな表札もないからね。そのころ、ウサギが腐るほどいたんだ。朝ね、トラックで出かけていって、ウサギが道端に何匹も並んで座ってるの見つけたら、道端に車停めて、22口径のピストルでバンバン撃って拾っていくんだよね。で、家に持って帰って、フリーザーに入れといて、犬の餌にしたり、自分で食べたりしてた。数十匹は捕れるんだ。朝、ちょっと行ってくるだけでね。

ある朝ね、近くのニナナ川の橋超えて、向こう側行ったらさ、**いーっぱい、**いたんだ。で、**パンパー**

ンって撃ってたらさ、**ブヒューンって、**弾がこっちに飛んできたんだよね。そのへんの近所に住んでる人が、怒ってね、撃ち返してきたんだ、ハハハハハ。

これはね、恐ろしかった。**弾の音、ビューーーワン**っていってから、**ドギャーーン！**って音したもんね。**やばいっ‼　すたこら、**ずらかったけどさ、**いやぁ、恐ろしいかったね。**いやぁ、オレ、昭和15年生まれだけど、戦争の経験とか、敵と撃ちあったことなんて、ぜーんぜんないからね、ポーーンッて小さな音がそばでしただけで、ぶったまげたよ、最初のころは。

今は、その撃ち返してきた人とは、友だちだけどね。そのオヤジ、今は「NO HUNTING」（狩猟禁止《ノー・ハンティング》）の看板を、自分ちの近くに出してるよ。

「最後の開拓地！　アラスカに来れば、なんとかなるだろ」

アラスカに住んでる人って、意外とアラスカ生まれっていう土着の人が少なくって、南の方から、アメリカ本土の方から移り住む人が多いよね。軍の兵隊さんなんかは、好む好まずにかかわらず、半年とか1年とか送られてきたり、石油パイプラインとか大掛かりな工事仕事で移ってきたりと、いろんな人がいるわけだけど、なかには生活に行きづまったり、困ったりしたような人たちも来てる、アラスカに。

「最後の開拓地！　アラスカに来れば、なんとかなるだろ」なんて考えてね。どん底の生活を知ってるような人が多いから、意外と質素で、着るものも洗濯してあるけど、継ぎ当ててる、穴があいてる、そんなの、いっさい関係ないんだよね。パーティとか、高級なレストランなんかでもさ、アラスカだけじゃないの、フォーマルな服着なくていいの。ジーパンとか作業着で、バニーブーツ履いて入ってきても、だーれも文句言わない。服なんかに、かまっちゃいられないんだよね。レストランのすぐ後ろが、クマがうろついてる大自然だったりするからさ。それと、シャレた洋服より、ある程度お金を蓄えておかないと、たとえば、自分ちの暖房ヒーターがぶっ壊れたり、温水が出るボイラーが壊れたりしたら、即、取り替えなくちゃなんない。これ、何千ドルもするからね。そのためのお金を持っていなくちゃなんないし、何があるかわからないからね、冬は。

　生活費は、そうね、アラスカの場合、高いね、他の州に比べると。この近くのトレーラー・ハウス、ま、プレハブみたいなもんだけど、家賃が350ドル（郊外で1980年代当時）なんだけど、暖房の石油代が月200、300ドルぐらいかかる、マイナス40とか50度とか寒い日が3週間も続けばあっという間に灯油がなくなっちゃうよね。トレーラー・ハウスは壁が薄くて防寒材が少ないから、暖かい空気が家の外に漏っちゃうんだよね。家賃のほぼ倍だよ。で、そのヒーターが壊れれば、また金がかかる。その上、ヒーターだけじゃ暖かくないから、薪ストーブを補助に使う。自分で薪を切りに行く暇がなければ、薪を買わなくちゃならない。

　大っきなボイラーのタンクで、水とかお湯も出る。お風呂でもシャワーでも、キッチンでも、ぜんぶそれ一つでまかなってる。日本の家と同じだよね。だけど、長い冬のあいだにそれが壊れることがある。そういううちには、自家発電機が備えてあるし、大きな薪ストーブとか、壊れたときの用意が必ずあるけどね。うちのこのキャビンにいたら、夢みたいな話だよね。うちの暖房は、金をいっさいかけずに、労力のみの薪だけだからね。ハハハ。

アラスカの井戸水

地上が暖かくなったからって、地下のほうも凍土が溶けたってわけじゃあないんだ。**なっかなか溶けない。**

キャビンが建ってる地下1メートルぐらいのところに、鉄管が入ってる。蛇口付けて、そこから水が出るようにしてあるんだけどね、だいたい6月の半ばごろまで、鉄管のなかの氷が溶けないんだ。水を出すまで30分ぐらい、地下で鉄管いじってるねぇ。井戸水だから、汲み上げる鉄管にヒート・テープを巻き付けておかないと、8月には水道管が凍っちゃって、水が出なくなるっていうわけ。オレが留守番と管理を兼ねて住んでいるこのうちの井戸は、ヒート・テープ付いてない。だから、面倒くさいけど、凍る前に(8月上旬)井戸の電源を切ってポンプを止める。で、パイプのつなぎ目をぜんぶゆるめて、管のなかにたまってる水を全部出して空っぽにするんだ。そうでないと、凍って管がみんな壊れちゃう。

うちのキャビンは、幸い井戸があるから、夏だけでも水が出るけど、アラスカには水が出ない家がいっぱいある。地下に大型の貯蔵タンクを埋め込んで、水を配達してもらってる家もあるし、水瓶いっぱい集めて、湧水を取りにいったりしてる人もいる。井戸を掘るには、70、80メートル地面を掘らなくちゃならない。永久凍土を突き抜けて掘るたいへんな仕事でね、井戸を掘るだけで、ま、100万円以上かかるだろうね。

オレが髪を伸ばしたわけ

オレは今は（1980年代後半のころ）、こうして髪伸ばしてポニーテールやってるけどね、それまでは坊主刈りだったんだ。アラスカに来る前から、ずっとね。

70年代に、1回、アラスカの床屋に行ってみたんだ。ところがさ、「ヘアスタイル」って書いてあるくせに、スタイルもへったくれもない。ひどいもんだよ、アラスカの床屋に入って、びっくりした。

鏡の前に座っても、なんにも言わないんだよね。**ガーッと**刈り上げてさ、頭も洗わない。刈り上げたまんまで、毛がぼさぼさついてるのにさ、「5ドルよこせ」って。**あったま、刈り上げた**だけだぜ。日本だったら、頭洗って、ぜんぶやってくれるじゃない。バリカンでズーッとやってさ、それで終わりよ。それ以来、行ってない。だから、電気のバリカン買って、自分で刈るようになった。髪の毛伸ばすまではね。

アラスカでは、家も自分で造る

電話局に勤めている人から、自分の子どもはもう大きくなっちゃったからって、うちの娘に手作りの木馬をもらったことがあるけど、こっちの人は、何でも自分でやる人が多いね。

でかいものだと、**家**、ね。都会で家を建てるったって、そんな時間ないだろ。ところがアラスカに住んでると、ちゃんとした仕事を持っていても、家を建てるだけの時間が作れるんだよね。自分で家を建てるんだ。3日仕事して、4日休みっていう、基地（米軍基地）勤めの人もいるけど、たいがいの人は、土、日が休み。で、いいとこ勤めてると、2、3か月まとめて休みが取れる人がいる。だから、その休暇を夏のあいだフルに生かして、トコトコ、こつこつ、2、3年かけて仕上げるんだ。最初、どういう材木を買って、どうやってその材木を合わせてなんて、普通の人だったら知らないだろ。みんな、家を作るために勉強するんだ。本を買ったり、クラスに通ったり、人に聞いたりしながらね。それで、家を1軒造り上げると、自分が使った大工道具一式は、誰か友だちが家を建てるっていうときに、貸してやるんだ。やっぱりこれも、アメリカの開拓精神から来てるのかねぇ。

最初住んでた（1978〜90年）クリアーのキャビンっていうのは、日系人の友人が建てたものに、オレが手を加えたものなんだ。郊外や山んなかに建つ、水道もトイレもないような小さな家を、べつに丸太小屋じゃなくても、こっちじゃキャビンっていうんだけどね、そのキャビンをいろいろ改造して、これまた自分で改造した薪ストーブをでんと備え付けた。そのストーブのフタを開けると、ひと抱えもあるシラカバの木を、3本ぐらい放り込むことができたね。そうすると、8時間ぐらい燃えてくれるんだ。薪の長さが1メートル近くある、**ぶっといシラカバ**の、それも、乾いてない生の木。だから、じっくり、ゆっくり燃えてくれるわけ。かなり重い。ときどき薪ストーブが燃えすぎて、蒸し風呂みたいになっちゃうことがあるんだな。薪ストーブっていうのは、温度調節がうまくいかなくてね、いやぁ、最初は苦労したね。

アラスカで日本料理を食べたいときは、そうね、やっぱ、自分で作るしかないんだな。食糧は、町に行けば、ふつうのものは、だいたい手に入る。冬場でも、今はとくに野菜に不自由しなくなったね。米は、「ニコニコ米」（アメリカで販売されているカリフォルニア米）とか売ってるし、醤油もどこでも売ってる。味噌も、最近はセイフウェイっていうストアで、白味噌と赤味噌、1種類ずつ売ってるよね。

結婚する前は、乾燥野菜をよく食べたね。タマネギでもニンジンでも、みんな乾燥しててさ、大きな缶詰に入ってるんだ。必要な分だけ、缶から出して、味噌汁でもスープでも何でも作った。薪ストーブのキャビンだとさ、生野菜を買ってきても、留守中にストーブの火が落ちたら、みんな凍ってダメになっちゃうんだ。乾燥野菜が主で、冷凍野菜や缶詰も、ときどき使ったけどね。でも、乾燥野菜のほうが質がよかったね。そのころの冷凍技術っていうのは、まだよくなくってさ、戻すと水っぽくなっちゃって、あんまりおいしくなかった。乾燥野菜のほうが、よっぽどおいしかったよ、うん。

玄米も、最近は、けっこうみんな健康のために食べるようになったから、ストアで質のいいの売るようになったけどね。乾燥野菜食べてるときは、玄米は動物の飼料売ってるとこ行って、まとめて買ってた。「これ、家畜の飼料だぜ」って言うから、「いや、これ、オレが食べるんだ」ってね、ハハハ。

医者といえば、なんでも切っちゃう、軍医あがりの外科医だけ

20年ぐらい前までは、かかり付けの医者っていうのがいたんだ。そいつね、死んじゃったの。いなくなっちゃった。死んじゃったから、オレは、それからほとんど医者に行かなくなった。

アラスカに定住を始めて数か月経ったころだったかな。古い自動車を直そうといじくってたら、鉄の塊が飛び出してきて、右腕、大怪我した。肩のすぐ下の二の腕のあたりと、肘下あたりね。で、フェアバンクスの病院のERまで駆けつけた。血が**だっらだら**出てんのにさ、30分も待たされた。そんで、やっと「かかり付けの医者いるか？」って聞くから、アラスカに来たばっかりだったし、こっちで医者なんか

行ったことないからさ、「いないよ」って言ったら、お前の医者は、こういう人だから、ダウンタウンのそいつの診療所まで行けって言うんだよね。痛くってしょうがないけどさ、とにかくその診療所まで行ったわけだ。

そしたらさ、その医者が出てきて、歯ブラシ一本、ポンと寄こすんだよね。「先生、この歯ブラシで、何すんの？ オレ、歯磨きに来たんじゃないんだよ」て聞いたらさ、「おまえの傷口に、サビとか泥とかついてるから、水道の水でジャージャー流しながら、キレイにしろ」っていうわけさ。少しやったけどさ、痛くて痛くて、とても自分でキレイになんてできないさ。そしたら、先生がその歯ブラシを取りあげて、ゴシゴシ汚れを取りはじめたんだ。そんで、ようやく2か所縫ってくれた。そのときには、もう血は止まっていたけどね。まー、痛かったけどね、おかげですぐ治った、うん。

名前も忘れちゃったけどね、その死んじゃった医者にはね、永住権とる時、身体検査で世話になったし、怪我したときも駆けつけた。いいか悪いか知らないけどよ、フェアバンクスだから医者の数も限られるからね。軍医上がり。ものすごい乱暴だったらしいけど、やっぱ、腕はいいんだろうねぇ。外科なんだけど、そのときも、乱暴な治療だったけど、その、なんて言うのかな、多くの人が助かったんだろうね。その先生が死んだときは、新聞の一面にカラーで大きく写真が載ったよ。

たとえば、オートバイなんか乗って、ドカンと事故やって複雑骨折なんかすると、もう、**ドンドコ切っちゃう。ブッツブッ切られちゃう**。ま、命助かった人は、あぁ、あの人はいいドクターだって言うけど、これ、やっぱりちょっと問題だよなぁ。

いちばんかわいそうだったのは、フェアバンクスのトップレス・バーで踊ってた女の子が、きれいな可愛らしい女の子だったけど、ヘルス・エンジェル（アメリカの暴走族）と一緒にハーレー乗ってて、ノースポールっていうフェアバンクスの隣り町で事故起こして、引っくり返ったんだ。で、足を複雑骨折して、膝の上、このへんから切られちゃった。**うーん**、この娘《こ》はかわいそうだった。それきり仕事になんなくなった、片足じゃね、トップレス・バーは務まんない。

その後ね、その娘、根性の悪いカネ持ちの弁護士に目をつけられちゃってたんだ。フェアバンクスのダウンタウンに住んでたそいつが、ノースポール市にあるクラブ・トーキョーっていう日本食のレストランによく現われた。ほんで、そこで働いてたオレにチップくれて「彼女を連れてきてくれ」って。

　その娘に電話してから、オレが**ワーッ**とドライブしていって連れてくるわけ。その弁護士がディナーご馳走してやって、彼女の面倒みてるわけ。おそらくカネ出してるんだろうね。生活費ぐらい。ある日、オレが迎えに行ったら「いやだ、行きたくない。あんたには悪いけど、行きたくない。今日は気分がすぐれないから、行きたくないって言ってくれ」って言うんだよね。オレもただのお使いさんだから、それ以上のこと言えないから、レストランに帰って、その弁護士に「いや、彼女、そのちょっと気分が悪くなって来れない」って言ったら、「**シェッ！**」（くそったれ！）とかなんとか、オレに言ったんだよね。

　それを聞いて、オレのボス、ドンさんっていうんだけど、それが「**ヘイ、その言葉、改めろ**。こいつは日本人でジェントルマンなんだから、そんなこと言われたことない。言葉を改めろ！」って、すごい剣幕でまくしたてたから、その弁護士、「アイム・ソーリー」って謝ったけどね。ちょっと、かわいそうな女の子だったよ。しばらくアラスカに住んでたけど、どうしたかな、それから。

　まぁ、当時のアラスカじゃあ、切らずにすますってのは、無理だったんだろうね。オイル・ブーム（石油パイプライン建設）で人がゴタゴタしていた当時のアラスカじゃぁ、無理だったってことかね。複雑骨折なんかしちゃったらね。ま、シアトルとか、あっちの方だったら、切らずにくっついたんだろうけどねぇ。

いやぁ、あれだよなぁ。フェアバンクスで病気したら、マネーのないやつは、**そんで終わりだよ**って、そのころは言ってたよねぇ。マネーのあるやつは、シアトルとかロスアンゼルスとか行っちゃうから、こりゃあ治って帰ってくるよ。だけど、マネーのないやつは、アンカレッジ止まり。フェアバンクスからアンカレッジに送られたら、**ハイそれまで**だって。もう帰ってこられないってね、ハハハハハ。

でも今は、パイプラインのブームのあと、医者の数も増えたし、まあまあ、そんなに悪くないんだろうね。うん、どんなヤブ医者だって、５人や10人診てるうちに、だんだん腕が上がってくるしね、**ハーハッハッハ。**

第2話

念願の罠猟師になって

クリアーに定住を決めた理由《わけ》

ここ、クリアーには、獣がたくさんいる。それが、定住を決めた大きな理由だね。

トラッピング（罠猟）は、すぐにはできなかった。肝心な道具、罠が高くてね。当時、1つ10ドル以上したんだよ。10ドルから20ドル、大きくていいのだったら、50ドルもするからね。1ダース買うだけでも、200、300ドルかかるからね。そんなの、何十個もまとめて買えないからさ、毎年少しずつ貯めたわけ。

30個ぐらいになってから、やっと罠猟をやったんだ。近所に住んでたインディアンのトムっていうのが、罠猟を教えてくれるって言うからさ。そのとき最初に捕ったのが、リンクス（オオヤマネコ）だった。1970年代の終わりだったかな。毛皮を剝いで干して、町の毛皮屋に持ってったら、1枚450ドルぐらいで売れた。

先住民のトムさんに罠猟を教わり、捕えたリンクス（オオヤマネコ）の毛皮。（1978年頃）

そのお金、**ぜーんぶつぎ込んで**罠に換えて、次の冬、リンクスを6つか7つ捕った。それを売ったお金でまた罠を買ってって、そういうふうにして罠を増やしていった。罠をたくさん持てば持つほど、獣が取れる確率が高いわけ。

罠は、引退した罠猟師で、オレのお師匠さん、トムからもらったものが圧倒的に多いね。あと、数十年前に誰かが山奥に罠を掛けたまま、残っていたやつとかね。そういうの、たまに見つけたりする。まだ十分に使える。うん、まったく問題ない。

ひと昔前の罠には、歯がついたものがあるね。掛かった時に、**ガチーッと食い込む**やつ。ちょうどオオカミの牙みたいのがついてるから、1度掛かったら、ちょっとやそっとじゃあ、はずれない。それは、もともと捕まえにくいオオカミのために作られたようなもんだけどね。それは、もう使っちゃいけないんだ。人間が掛かったりすると危険だから。罠猟師協会で禁止されてる。動物愛護の人たちから見ると、残酷な感じもするしね。そういうプレッシャーがかかってきたんだろうねぇ。歯がついてる古い罠もね、捨てないでさ、ヤスリやグラインダーで削っちゃえば使えるんだよ。

他人のトラップ・ラインに入ったら、死体も見つからない

ま、**オレはラッキー**なことに、インディアンのトムにめぐり会えて、トラップ・ライン（猟場）を譲り受けることができたんだけどね。ふつうだったら、**むかーし**から何百年も、ニナナのインディアンの家族がトラップ（罠）やってるとこへ、ほかの州から来た白人かなんかが、**ひょいと**入り込んだら、**やっぱり、**

これ、問題起きるんだよね。

　アラスカは、誰のトラップ・ラインだ、なんていう公の区切りはないからね。最初のころ、オレさ、ニナナに住んでる人のトラップ・ラインに、偶然入り込んじゃったんだな。そいつがこう言ったんだ。

「ここは、オレが先祖代々から受け継いできたトラップ・ラインで、今まで誰も、おれの猟場をバーザー(じゃま)したことなかった。おまえが初めてだ」ってね。

「オレはね、日本人だし、ここがあんたのトラップ・ラインだってこと、いっさい知らないで踏み込んじゃったんだ。勘弁してくれ。こんりんざい、バーザーしないから」

「ヤー、オッケイ、わかってる、わかってる」

　向こうも、トムか誰かからオレのこと聞いてたんだよね。日本人のトラッパー(罠猟師)がいるって。で、最後にそいつが言ったんだ。

「だけど、こういうことがまたあったら、おまえが行方不明になったって、べつに不思議じゃないんだぜ」

「えーっ、なに？　どういうこと？」

「おまえがね、この世からいなくなっても、不思議じゃないんだってことだよ」

「どうすんだよ」

「まず、おまえの頭ポンと叩いて、引っくり返して、スノーモービルか犬ぞりの後ろに、ロープで縛って引きずっていって、川んなかにほおり込んじまう」

　ほら冬になると、川にね、いっぱいボコボコ穴が開くんだ。**パーンと凍る**んだけど、**スパーンと抜けて**てね、その下に水ががんがん流れてる。そんなかに、**ほおり込んじゃう**って言うんだ。水んなかに入っちゃうと、**もぉー、どこいっちゃうか**わかんない。で、春の雪解けのときになると、氷が溶け始めて、その氷どうしが絡まってぐるぐる回って、グラインダーになって、人間なんかそのあいだにはさまって、ハンバーガーになって、**もぉー、どこでどうなったか**わかんなくなる。オレをスノーモービルごと、そこに放り込んじゃう、って言うんだ。そしたら、**ぜったい**行方不明。死体なんか、**ぜったい**上がってこないし、ハハハハ。

「あ、そういうこともあるんだな。いいこと聞いたな」って、笑ったんだけどね。

だからね、他人のトラップ・ラインに踏み込んだら、**ヤバい**っていうのはある。犬ぞりをやる人とか、スノーモービルで遊びに行ったりする人とかは、罠を掛ける道だっていうことは承知してるから、歩いてそのへんをうろちょろしたりしない。地元の人は、みんなわかってる。それに、みんなが遊びに出るころっていうのは、厳冬じゃなくって、日差しも長くなって、だいぶ寒さがゆるんだ3月になってから。罠猟期がだいたい2月いっぱいで終わったあと、みんな外に出始めるって感じ。そのへんは、都合のいいようにできてるわけ。

涙をぽっろぽろこぼしながら、ビーバーの罠を掛ける

ビーバーの罠は、1メートルぐらいある厚い氷をチェーンソーで切り刻んで、ノミで穴を開けてだね、氷の下の水んなかに手を突っ込んで、掛けなくちゃなんない。これをやると、もうね、手が動かなくなるとかって、そういう問題じゃなくって、**あぁ手が凍っちゃったかな**っていう感じだね、ハハハ。

涙を**ぽっろぽろ**こぼしながら、泣きながら罠をセットする。ビニールとかゴム手袋、ほら、キッチンで

［上］手には、ひと冬かけて獲ったテンの毛皮。左側にカンジキ、護身用のライフル、スノーモービルがある。

［下］捕らえたビーバー。ビーバーの罠は、水の中に素手で針金の罠をかけなくてはならないのでキツい。

お皿を洗うときに使うような手袋に、さらに軍手をはめてやるんだけどさ、**とーにかく**、手を突っ込むってことは、中途半端なことじゃない。水のなかに手ぇ入れてるときはなんでもないんだけどさ、水は凍ってないから温かいからね。だけど、パッと水から出した瞬間、そこはマイナス30度、40度の世界だから、考えられないくらい、**あっという間に**手が動かなくなっちゃう。そのときに、手作りの**でーっかい**ミトン（手袋）があって、そんなかに手を突っ込んであっためて、血行を戻して、そんでまた罠に取りかかる。

水んなかに手を突っ込んで仕事をするっていうのは、ふつうは単独の仕事じゃないんだよね。インディアンの人たちは家族でやってる。家族数人で仕事を手分けしてやる。1人が火を起こして、1人がチェーンソーで氷を切り刻んで、もう1人がノミで穴を開けて、さちに1人が水のなかに手を突っ込んで罠を掛けて……ってね。そういう分業があって、交代しながらやるわけ。

その仕事を1人でやろうとすると、なんか、**とてつもない**労力が必要なんだよね。ビーバー1匹捕ったってさ、30ドルぐらいにしかない。そうするとさ、とんでもない労力を使って、苦労してビーバー数匹捕るぐらいだったら、**やらないほうがいい**って感じてくるよね、**ふつうは**。だけど、それは先祖代々、ずーっと伝統的にやってきたことだから、それやらないと、**罠を掛けたっていう気持ち**にならないんだよね。

自分の脚を、喰いちぎって逃げるグズリ

ウォーブリン（グズリ）っていうのがいる。クマをちっちゃくしたような、アナグマみたいな動物なんだけど、これは、**悪魔**って言われるぐらい性格が悪い。

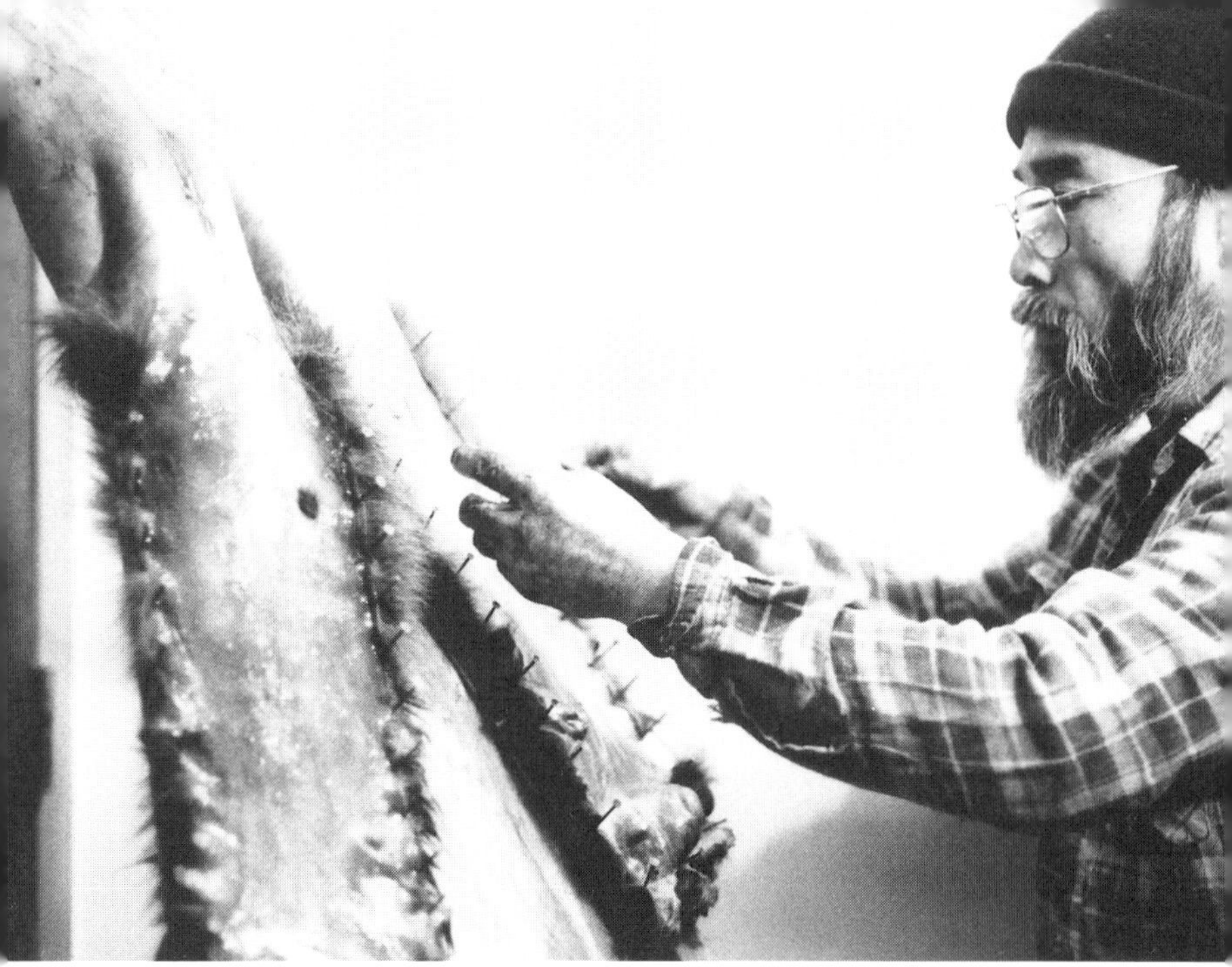

スイッチボードで、グズリの毛皮を処理しているところ。

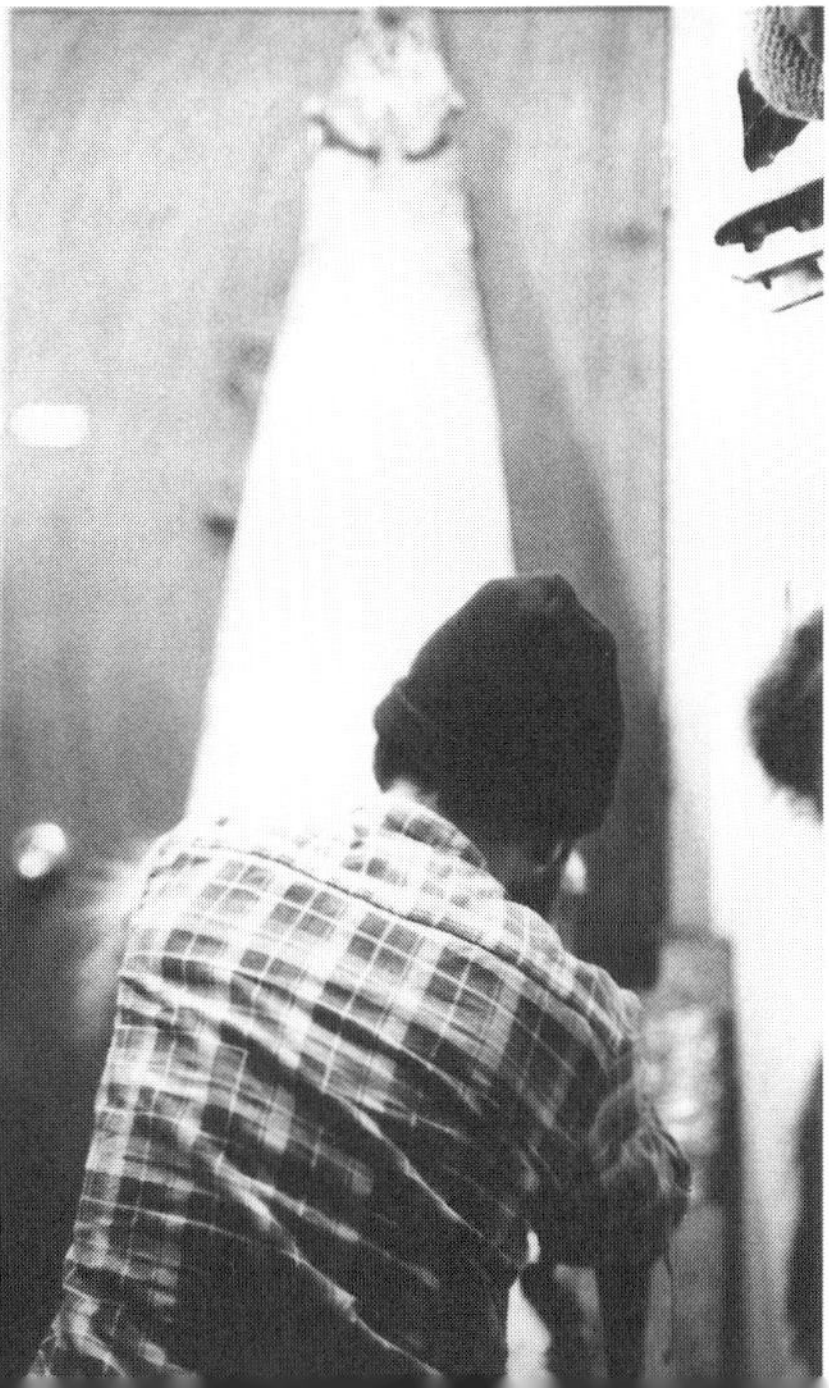

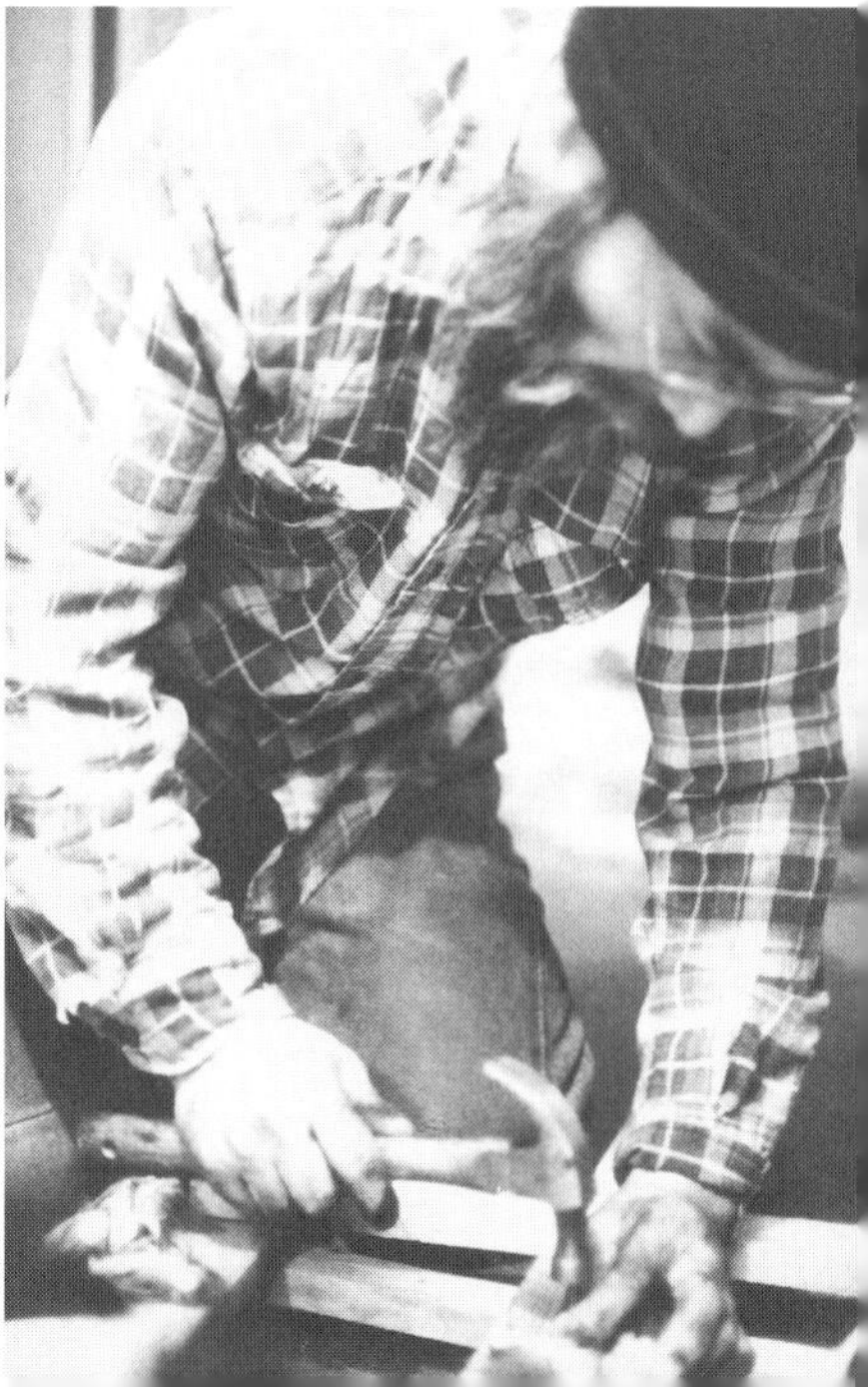

たとえば、そのウォーブリンが山小屋の窓を壊してなかに入るだろ。ブラウンベアのでかいのが入ったのより、ひどい荒らし方。**めっちゃくちゃ**になっちゃう。それから、**噛み付いたらぜったいに離さない**って言われてるね。あごの力がものすごく強くてさ、人間なんて噛まれたら、骨が砕けちゃう。足の骨なんか砕けちゃうよ、**ホント**。そのくらいすごい。

そいつが罠に掛かったら、オオカミと同じで、オオカミよりぜんぜん小さいんだけど、悪魔の力を持ってるから、ぜったいに近づくな。そうインディアンに言われてる。かなりの距離を置いて、遠くの方から、目と目のあいだを撃て、と。確かに、殺してから近づかないと、**とーんでもない力**を持ってるからさ、最期の抵抗で鎖を切ったり、**自分の脚だって喰いちぎったり**して、飛んできて噛みつくって言うんだからね。

熟練したインディアンは、眉間じゃなくて目玉を撃つ。そうしないと、毛皮に穴が開いて、値打ちが下がっちゃうからね。それも技術の一つ。

グズリっていうのは、大きさは飼い犬と同じぐらいなんだけどさ、毛皮を剝いてみると、犬や猫と違って、頭の先から足の先まで全身筋肉。**もーのすごいよ**。

オレが仕掛けた罠からね、自分の脚を喰いちぎって逃げたこともある。あぁ、何回もある。罠に、1本の前脚か、後脚だけが残ってるんだ。

そうねぇ、グズリのほかにも、罠に掛かったとき、自分の脚を喰いちぎって逃げる動物はいるよ。オオカミとかは、よくやるよね。片脚がなくなっても、あの寒い冬のあいだ、生き残っていけるんだ。獲物を捕るときに不便だとは思うけどね、そのくらいの力はもってるんだね。

片足のないマートン（テン）とか、オオカミとか、グズリが、また、どうしたことか罠に掛かってることがある。1度罠に掛かって、自分で脚を喰いちぎって逃げたのはいいんだけど、やっぱり、なんていうか、片脚がないために、4本揃ってるほかの動物なみに獲物が捕れないっていうハンデがあるんだろうねぇ。罠だとわかっていても、また踏み込んじゃう。

1度、**こんなことあったねぇ**。ある朝、偶然なんだけど、テンが罠に掛かってた。ちょうど、関節のとこにね。だけど、関節っていうのは弱いから、ポンッとはずれちゃった。で、関節から先の手、つまり**前脚の先っちょ**だけが、罠に残ってたんだ。**あぁ、逃げられた**と思った。そんで、その「手」はどっかに放り投げて、罠をまたもとの状態に戻して掛け直した。

それからその日1日中、猟場の罠を点検して帰ってきたらさ、そこに、なんと、関節から「手」が捕れたあのテンがまた掛かってた、うん。明らかに、朝のあのテンだった。それを見た時は、なんか知らないけど、**あぁ気の毒したな**と思ってね。そいつは「手」を取りに来たわけじゃなくて、おそらく、罠を掛けたあたりが、そのテンの縄張りで、だから、そこに戻ってきたんだろうね。戻ってきたら、また罠が掛けてあって、いい匂いがしてて、そこにまた踏み込んじゃった。なんてやつだ、こいつは。気の毒だなぁって思ったね。**ドジな野郎だなぁ**と。

それからすぐ、そいつは皮になって、50ドルぐらいになったけどね、ハハハ。それが、当時のテンの相場。片っ方の手先がないぐらいじゃあ、値段は落ちなかったんだ（1970年代～80年代半ば）。

昔は犬ぞり、今はスノーモービル

アラスカじゃあ、昔は犬ぞりで、どこへでも行ったわけだ。音もなんにもしない。**たぁーって**静かだからね。オレもクリアーに来た最初のころ、タローちゃんとジローちゃんっていう、ハスキー犬のミックスをトムの親戚からもらって持ってた。まだ2匹とも若くてさ、スノーモービルの前とか後ろを、一生懸命走ってついてきた。べつに、そいつらを罠猟に使おうと思ったわけじゃない。そのうち、1匹は車に引かれて死んで、もう1匹はいつの間にかいなくなっちゃった。

でもさ、今の時代に犬ぞりを使って罠を掛けるとなるとさ、たとえば1日で行って帰ってこなくちゃならないところを、犬ぞりだったら、2日か3日もかかっちゃう。スノーモービルだったら、1日で簡単に行って帰ってこられるんだ。これは、数か月の冬のあいだに、**えらい**違いが出てくる。ガソリンさえ入れてやればね、**バーッ**と行ける。その代わり、音がうるさいけどさ。

時代の流れで、スノーモービルを使わなくちゃなんないんだけども、一部のインディアンは、まだ犬ぞりで罠猟してるね（80年代の話）。「犬は壊れないからいいよなぁ」って。スノーモービルが壊れたら、直す技術を持っていなくちゃダメだろ。機械の基礎がないと、なぜ、このモーターが動いてるのか、わかんないわけ。だから、買って、乗って、壊れたら、そこにほおりっぱなしになってる。だけど、犬の場合は、そういうことしないからね。

10頭も犬を飼ったら、犬の世話も**たいへん**だよ。たいへんだけど、このへんはサーモンがいっぱい捕れるから、あれをいっぱい捕って、乾かしておくわけ。日本でいう白鮭ね。犬が食べるから「ドッグ・サーモン」って言うんだ。その乾いた数百匹のサーモンを、冬、ドラム缶を半分に切った大鍋でお湯を沸かして、そのなかにナタでぶつ切りにしたサーモンを入れて、柔らかくして、それを犬にくれてやる。インディアンの人たちは、サーモンをたくさん捕るけど、犬を持っていたら、それは**みーんな**犬の餌になるんだ。自分たちが食べるのは、ほんの一部の美味いとこだね。

よくできたもんだね、野生動物どうしの関係

オレのトラップ・ラインは、リンクス（オオヤマネコ）の王国なんだ。

数年前、ウサギが病気で死に絶えたことがあるんだよね。リンクスの常食はウサギだから、ウサギがいないと生きていけないから、リンクスたちは、どっかへ移動していって、このあたりのリンクスは、ほとんどいなくなった。それがまた戻ってくるんだ。リンクス猟は、今年（1989年ごろ）あたりから、またよくなるはずなんだ、うん。

いちばん値が良かった年は、毛皮1匹500ドルだった（1980年前後の話）。最近は、ヨーロッパで毛皮のボイコットをしてるせいで、値段がずいぶん下がったけど、それでも200ドル、300ドルするからね（1980年代末）。だから、捕れるときは捕るけども、捕れなくなったときのことを考えて、捕れたときにいろんな物をたくわえる。お金が入ったときに遊ばないで、機械を買ったりしておいて、なんにも捕れなかった年に困らないようにしておく。こういう毎年続けていく仕事は、根気がないと、どうしようもないね。

よくできたもんでねぇ、リンクスがいなくなると、マートン（テン）——小さい獣なんだけどね、1匹で100ドルぐらいするんだ（1989年ごろ）——、それがけっこう捕れるんだ。で、リンクスが増えてくると、それがどっか行っちゃうんだよね。やっぱり、同じようなものを食性にしてるんだけど、リンクスの場合はウサギ、テンの場合は野ネズミ。その野ネズミが増えたり減ったりするのと、ウサギが増え

たり減ったりするのは反比例してるんだよね、不思議と。ウサギがいなくなると、野ネズミが増える。**おかげで**罠猟師も、干上がらずにやっていけるってわけだ。

罠猟の規制と毛皮のお値段

もっちろん、罠猟にも制限がある。ハンティングと同じで、猟ができる区域が細かく分かれていて、その冬に捕っていい獲物の数や、罠を掛ける時期が決められてる。

たとえば、オレの猟場は「20C」の区域内なんだけど、1989年度の冬では、ビーバーなら11月1日から4月15日までの期間に25匹捕ってもいいと、罠猟のレギュレーション・ブック（規則本）に書いてある。コヨーテは11月から3月までで、数の制限はない、とかね。だけど、そういうのに限って、ほとんど捕れないんだけどね。

リンクスの猟期っていうのは、区域内にいるリンクスの数によって、長くなったり短くなったりする。いっぱいいる年は、11月1日から3月末まで捕っていいってことになった。ところが、このころは少ないから、12月15日から1月15日まで、**たった1か月**なんだよね。その代わり、ノー・リミット。いくつ捕ってもかまわないんだ。そうやって、猟期を短くして、残り少ないリンクスを守っていこうってことなんだ。

でも、それは、オレたちトラッパーのほうが、よく知ってるわけだ。オレたちは、自分の猟場にリンクスがいなくなっちゃ困るから、わざと捕らないようにしてる。こんだけの期間に、2つ3つ捕れればいいなって感じでね。捕ろうと思えば捕れるけど、捕りすぎちゃうとあとが続かない。ぜったい増えないからね。

こういう『アラスカ罠猟レギュレーション』（Alaska Hunting Regulation）っていう、ちっちゃな規則本が毎年発行されてるんだけど、こういうのを作る前に、個人個人、罠を掛けている人たちに手紙が来て、どこで、何を、いつ、どのくらい捕ったかっていうことを、最終的にチェックするんだよね。そんで、その手紙には、オレたち個人の意見を書くところもあって、そこに来年はどういう状況になるかって、予測を書いてくれっていうんだよね。毛皮を売る時点でも、いちいち報告するんだけど、こういった結果は、次の年のレギュレーションの内容を決める参考になるわけ。

トラッピングだけでメシ食ってるっていう人間は、そんなにいないね。ふだんはふつうの会社勤めかなんかやってて、土曜・日曜だけ、罠掛けにいくっていう「ウィークエンド・トラッパー」っていうのもいるし、インディアンのように、生活賭けて家族ぐるみでやってるのもいる。

毛皮の値段っていうのは、罠猟シーズンたけなわの11月と12月末、4月末では、えらい違う。株と同じでね、だだっと上がったり下がったりするんだ。毛皮商人っていうのは、ものすごく、そういうことに敏感で、しょっちゅう目を光らせて、ニューヨークとかヨーロッパとか、年がら年中、電話でしゃべってるよね。相場師みたいなもんだね。それによって、自分がどれだけ儲かるかっての、これはたいへんな違いだからね。

ヨーロッパのマーケットっていうのは、すごい下火になった。毛皮を着ないようにしよう！　なんて運動が始まったんで、ヨーロッパでは、**ガタ**ーッと値段が下がった。だから、オレの毛皮を買ってくれている毛皮商人は、日本にマーケットを開いて、2、3年がかりで、日本にかなり毛皮を売ってる。日本の毛皮屋さんは、テン（マートン）を欲しがる。ネコ（リンクス）の毛皮は、高すぎてダメなんだ。

去年（1988年ごろ）、日本の毛皮屋さんが儲かったんで、その毛皮屋と家族が日本に招待されて、いろいろ旅行してきたって。その毛皮屋がびっくりしてたよ。昔は、ニューヨークとかシカゴとかのギャング・スターのお客さんが、いちばん毛皮を買ってくれた。その次は、ヨーロッパの人だった。今は、日本の人がいちばん高い毛皮を買っていってくれる。去年、リンクスの一番高い毛皮を買ってった人が、今年も来て、「また買ってったよ」って、オレの毛皮屋が言ってたね。

ヤマネコ（リンクス）でもね、子ネコがいい。子ネコの毛皮っていうのは、ものすごく高い。ものすごく柔らかくて、毛足が長いから。それで作ったコートっていうのは、ミンクなんか問題にならない。ミンクの数倍はするっていうからね。それを、ポンと買っていったっていうんだからね。

消えゆく罠猟

ま、だんだん鉄の罠も使えなくなっていくらしい。鉄の罠じゃない道具を使って、動物の足をホールド（つかむ）するやつとかね、違うものを考えているわけだ。

だけどさ、今、そのぉ、アニマル・ライト（動物愛護）の人が言うには、動物は生きているのに、足を掛けられて、さぞかし痛いだろうに、かわいそうに、って言うんだけども、動物が生きていないと、いい毛皮が捕れないんだ。そうかって、今度考え出したのは、ものすごく大きなケイジ（籠）、鳥小屋みたいのを造って、そんなかに入るようにして捕まえようかなんて話が出たけど、その鳥小屋みたいのを100個もあちこち建てるのはエラいことだから、それはできないんで、ま、とにかく、なんとか野生動物が、その、痛みを感じないうちに殺しちゃうような罠を、今考えてるようだね。

　だけど、さっきも言ったけど、人間でも動物でも、死んじゃったら、冬のアラスカでは、即、凍っちゃうんだよ。ガッチガチに凍ったやつは、雪から体を剝がすときにもう、雪をガバーッと削って──体温が残ってるからね──雪ごと凍ったその固体を布団かなんかにくるんで持ってこないと、こすれたりなんかして、毛がダメになっちゃう。死んじゃったら、運ぶのだってたいへんなんだ。凍ってるやつは、ぜったいに曲がんないから、これを数匹続けて持ってくるとなると、かさばっちゃってね。かさばったその体が、がたがたがたがた運ぶうちに擦れちゃって、毛皮がダメになっちゃうこともある。で、包んだ獲物を家の中に入れて、毛皮についてる雪と氷を自然に溶かさないと、毛皮がバリバリッとほら、氷みたいに切れちゃうんだ。そういう問題があるわけ。生きたまま罠に掛かってる動物を、その場でパーンとやれば、柔らかい布に包んで持ってくるときでも、ダメージがないんだ。

第3話

ハンティングも、これまたスリルだね

ムース・ハンティングのガイドとして荒野をゆく

オレがムースの解体が早くなったわけ

そもそもハンティング・ガイドになんて、なるつもりはなかったんだけどね。ハンティングを手伝ってくれって、友だちに言われてね、それがきっかけだね。

ハンティングのガイドをやっていた若い2人の青年が、オレの働いていたレストランの家族と友だちでね。よく店に出入りしていて、それで知り合った。猟期じゃないときは、レストランを手伝ったりしてたんだけど、そのうち他のハンティングのボスとかと知り合いになったりして、「おまえ、おれのところに仕事に来てくれ」って言われるようになったんで、ちゃんと「アシスタント・ガイド」っていうライセンスを取って、今、やってるわけだよね。それまでは薪《まき》わりとかさ、捕った獣の肉を運んだり、皮を剥いだりとか、そんなのばっかりでさ、お客さん連れてハンティングやるようになったのは、そうね、1977年か78年ころだったかな。

最初、（ハンティングの）ガイドの仕事始めた時ね、1970年代の話だよ。ボスがいたんだけど、これが**うるさいオヤジ**でね。でも、ま、この人があんまりうるさく言ってくれたおかげでね、今でもムース（ヘラジカ）の解体とか、クマの毛皮剝いだりするのは、人よりも早いんだよね。

アラスカに1年以上住んでる人なら、ムースでも、ブラウンベアでも、ライセンス料払えば、何でも捕れるわけ。だけど、たとえばカナダから来た人とか、同じアメリカでもミネソタとかほかの州から来た人とかは、ハンティング・ガイドっていうやつをつけないと許可にならない。

地元の人なら、1人でハンティングに出かけたって、それはかまわないさ。でも、獲物が大きいからね。人間1人よりは2人、2人よりも3人のほうが、ムースを撃った後、非常に助かるんだよね。よっぽど経験があって慣れた人じゃないとね、1人で**ドーン**とムースを撃ったはいいけど、そのあと、**もぉー、どうしていいか**わかんなくなっちゃう。何百キロも重さあるからね、動かすことができない。だから、いつもハンティングはグループで行く。安全のためにもね。

オレのボスが、〝**タンク**〟――米軍のお下がりの戦車みたいなやつで、ツンドラ地帯でも沼地でも、おかまいなく進めるやつ――を、2台持ってたんだよね。1台にお客さんのハンターを乗っけて、もう1台は、ガイドたちが乗ってムースを捜してるわけ。

さらに、そのタンクの上を、飛行機が1機か2機、必ず一緒に飛ばしてる。空からムースを見つけると、飛行機がタンクの近くに戻ってきて、**あっちの方だ**って合図する。ラジオ（無線）使うとうるさいから、飛行機が飛んでいく方向にムースがいる、ってことなんだ。まっすぐ、**まーっすぐ飛ぶわけ**。だか

米軍のお下がりの「タンク」。ツンドラ地帯でも沼地でも進める。射止めたばかりのオスのムースが、2、3 頭載っかっている。

ら、タンクもそっちの方についていく。**おっきなタンク**を、藪《やぶ》んなかで、ぐるーっとUターンさせたりしながらね。そうやって、飛行機がムースのいる近くまで導いてくれるからね、けっこう簡単に捕れる、うん。

ムースは機械の音に鈍感で、大きなタンクが近くで**ガリガリ**音立てても逃げないんだな。寝てるんだ、**平気で**。ときどき、タンクで轢き殺しそうになるほど、そばまで行っちゃうときがある。**バリバリバリバリバリー**って、藪んなかを進むとね、上で飛行機が、**そこだそこだっ!**て教えるんだ、飛行機のケツ振ってね。

だけど、いっくら見ても、いないんだよね。**すぐそこ、すぐそこ……**。あんまり近過ぎて、おまけに藪がワーッて覆いかぶさってるから。で、ムースが、やっと藪のなかから立ち上がって、頭を振った。おっきな角が**ガラガラー**ってぶつかるんで、あ、あのへんだなって、やっとわかるわけ。

そこで、お客さんハンターが、**ダーンッ!** と撃つ。上手く射止めたらね、**おめでとうございます!**って、みんなと握手してね、喜びを分かちあって、ウイスキーかなんか、ぐるぐるっと回し飲みする。それで、さぁ、これから解体が始まるぞってなるとね、お客さんとボスは、タンクの屋根の上に座って、ビールを飲み始める、**ガーンガン**。で、オレたち下っ端に向かって、ひと言「**30分!**」。30分でぜんぶ解体しろって言ってくるんだ。さあ、たいへんだぁ。ウマの2倍くらいあるやつの体を、たった30分で4つに切んなくちゃならないんだから。まず皮を**バー**ってぜんぶ剝いで、ジョイント(関節)の付け根からはずす。で、チェーンソーで、胴体を真ん中から**ズバーッ**と切って4つに分ける。それをウインチで**ガーッ**と持ち上げて、木に吊るす。ま、30分でたいがいやっちゃったよね。最初のころは、なかなかできなかったけど。

無茶なことを平気でやった、昔のハンティング

本格的にハンティング・ガイドを始めたっていうのは、ここフェアバンクスから、クリアーに引っ越してきてからだから、1978年か79年かな。その前から狩猟はやってたけどね。70年代のころってね、ずいぶん無茶なことが、**平気でできた**時代だったんだ。たとえばハンティングやりたいっていえば、小型飛行機で飛んで、その日のうちにムースを捜して撃って、その日のうちに角や肉や毛皮を、家に持って帰ることができた。

カリフォルニアの方からお客さんが来るでしょ。フェアバンクスに着くと、すぐちっちゃな小型飛行機に乗ってキャンプへ行く。で、ガイドが飛行機でぐるぐるーっとムースを捜してきて、見つけたら、**あ、ムースがいたよ、さ、連れてくよ**ってね、お客を飛行機にまた乗っけて、ムースのいるすぐ近くに飛行機で降りて、**ドーン!** と撃って、お客は「じゃあね、あとはヨロシクね」って、次の日、カリフォルニアに帰っちゃう。そういう馬鹿なことを繰り返してたんだよね、ハハハ。

［上］ライフルのスコープで獲物を捜す。［下］イトーのガイドでハンターが射止めたムース

そんなの「狩猟」でもなんでもない。動物を射止めるという敬虔な気持ちもなければ、スポーツ的なスピリットのかけらもない。もちろん、そういうことが**大っ嫌いな**ハンターもいたけど、そのころ、ほとんどの人は、そういうもんだって感じで満足してたようだよね。

ドーン！　と撃つでしょ。と、もう次のハンターがキャンプで待ってるわけ。お客さん、列作っちゃってね、ハハハ。飛行機のパイロットっていうのは、だいたい、そこのキャンプの親方なんだけど、もぉー忙しくて暇がないわけ。ドーンと撃ったムースを目の前に、オレとガイドの相棒をそこに降ろして言うんだ。「おまえら、こいつの肉を解体して、この木に吊るしておけ。明日取りにくるから」ってね、次のお客を運んで、また飛んで行っちゃった。

しょうがねぇからね、オレたち、肉を解体して木に吊るしていくわけ。その夜どうするかっていうと、さ、寝袋も何にも持ってきてないからね、まさか、そこで野宿するとは思っていなかったからさ、肉を入れる**ビニール袋1枚くれて、それを寝袋代わり**にして、肉を吊るしたその木の真下で寝ろっていうんだよね。肉番するわけ。ま、そういうもんだと思ったさ、なんにも知らなかったからね。そんなこと1回じゃなかったよ、そのころは。そんな馬鹿なことをハンティングの季節中、ずっとやってたよ、くそ真面目にさ、ハハハ。

夜中にクマが出てくると思うとさ、**もぉー**、寝るどころの騒ぎじゃない。ライフルにバッチリ弾詰め込んでさ、目なんかどんどん冴えてでかくなっちゃって、**ガタン**なんて音がしたら、**わぁぁぁぁっ、きたぁあああああ!!!**　びっくびくしながら懐中電灯であたりを照らしてさ、**ワッハハハハ**、あんまり真っ暗で、真っ暗闇だからさ、すぐそばに何がいるかわからないんだ。藪がすごいから、懐中電灯を照らしても、動物の目が光るところまで届かない。**あーっ！　わーっ!!**って、2人で騒いで馬鹿みたいにやってたよ。

2人いればいいほうで、たった一人の時もあったからね。1人だったらさ、もう寝袋から出ることもできない、金縛りになっちゃってさ。オオカミは人間を怖がるから、それほどおっかなくないんだけど、もしグリズリーだったら、人間なんて屁とも思わないから、怖かったね。このぉ、なんていうか、クマって逃げる時は、ものすごい音立てるんだけど、近づいてくる時はぜんぜん音立てないで近づいてくるからね、そ、ネコと同じでね、すごいよ。肉に近づいていくのを見たことあるけどね、ほんと、クマの手が、ネコみたいに、こうなる（猫手を真似て見せる）。ほーんと**にやわらかーい動きで、**何の音もしないかった。だから恐ろしい。ムースみたいに、ドタッコドタッコしないから。

そんな怖い状況なのに、とんでもないこと命令する非常識なパイロットっていうか、親方がいたんだよね、昔は。あれも、今振り返ってみると面白かったけどね、ハハハ。

紙一重の飛行機事故

いちばん、おかしかったのはさ。その憎たらしいパイロットから、またまた「おまえら、ここで肉番してろ」って言われたときだったね。ムースを撃ったあと、雨が降り出して、夜になっても雨がじーとじと降ってた。雨が**ジャバジャバ**降ってるなか、肉を担いで、とにかく肉を木にかけたら、ビニールで肉を覆わなくちゃなんない。でもさ、そのビニールを使っちゃったら、オレたちがかぶるビニールが、もうないんだよね。しょーがねぇから、血が滴り落ちてくるようなムースの肉の下で、スリーピングバッグに入ってさ、ライフル銃を持って、木に寄りかかって座ったまま肉番さ。ガマン比べみたいなもんだ。ひと晩中、雨と風と獣の気配で眠れなかったよ。

　次の日、ま、雨は止んで、あるていど風も収まったから、飛行機が飛んでくるなって待ってた。やっぱりやってきて、近くの平地に着地した。そしたらさ、飛行機の通り道の真ん中に、こーんなでっかい流木の根っこがあった。おっきな石がごろごろしてる川原に降りるんだよね。ただでさえ、ものすごいでっかいタイヤで、バウンドしながら降りてくる。ものすごいよ、これ。まず音といったらね、**ダダダダダダダダダダッッッ**。そういう感じ。うん、ジャンプしながら。タイヤがね、**バラバラバラララッッて**、しわが寄ってる。そのくらい、着地のショックが激しい。で、そんときは、さらに流木の根っこが、羽にぶつかって、**羽がブヨ〜ン……**ハハハ。パイロットってのはさ、飛行機がぶっ壊れたら、もうパイロットでもガイドでも、なんでもない。ただの臆病な人間さ。ただ、そのへんを**おろおろおろおろ**するだけで、もぉー、オレたちその様子見ててさ、こんなに今まで積もり積もってたあれ（鬱憤）が、パァッとしたことなかったね、ハハハ。**ざまあみろっ！**って言ったもんだよ、日本語でね、ハッハハ。

　だけど、ま、しょうがないから、みんなでぶつかった飛行機を、川原の脇に片付けて、仲間の飛行機が来るのを待って、仲間が降りてきたら、どのくらいのダメージか調べて、こういうものを直すためには、これとこれとこれがいるなってリストを作って、そいつがいったん帰って、今度はメカニック（技師）を連れてきた。そのメカニックはね、部品のほかに、ビールとかウイスキーとか食い物とか、いろんなもの持ってきて、そこの川原でテント張って、気長に飛行機を直すんだな。そのメカニックが来たおかげでね、オレたち、ずいぶんいい思いしたけどね。オレたちは、どーんどんキャンプ・ファイヤーを焚いた、絶やさないようにね。そのキャンプ・ファイヤーのそばで、そのメカニックは、仕事ちょこちょこ1時間ぐらいして、3時間ぐらい休む。で、また1時間ぐらいやって3時間ぐらい休む。そうやって、ま、とにかく

［上］イトーのガイドで、ハンターが射止めたムースのオスの角。ハンターは、トロフィーとして持ち帰る。
［下］ムースの解体作業。イトーは、馬の2倍もあるムースを30分で解体する。

ね、ウイスキー飲みながら、飛行機直していくんだな。

　まぁ、**アラスカってのは、あぁ、いいとこだなぁっ**て思ったよ。その飛行機直してる最中に、ムースが出たって騒いでさ、ムース・ハンティングもやっちゃうんだからね。**まったく、バカで、**ハッハッハ。

　こんなこと言って笑ってるけどさ、そのへんはフェアバンクスから、そんなに遠くないんだけど、やっぱりかなり危険なところではあるんだよね。オレたちがハンティングしたすぐ後、ある夫婦が乗った飛行機がとんぼ返りを打って、ダンナさんは死んじゃって、即死。うん、で、奥さんは、今でも車椅子に乗ってるらしい。紙一重、そういう状態だったらしいね。

馬よりでかいムースの肉

　ムースの目方は、そうね、いいとこだけとっても、肉だけだったら、400、500キロ。骨がついてたら、相当あるね。ハラワタ抜いちゃっても、ドーンと撃った時点で、大きなオスのムースだったら1500パウンドっていうから、**700、800キロ**ってとこかな。うん、競走馬が400、500キロだから、ウマよりも大きいってわけだ。

　お客さんのハンターの場合は、トロフィー級の角を狙うから**でかいやつ**になるけど、オレたち地元の連中は肉が目的だから、若いムースを撃つわけ。それだったら、そんなに目方はないね。

　たまにね、メスのムースが増え過ぎた年は、メスを撃ってもいいことがある。1度メスのムース食べたら、**いやー**、やっぱりね、**ぜんぜん味が違う**。オスのムースと比べるとね。おいしい肉が欲しかったらね、つい撃っちゃうんだな。わざと撃っても正式に肉をもらえる手段がある、**フフフ**。

「オスのムースを撃ったら、弾がぶち抜けて、隣のメスを同時に撃っちゃった」。そう報告するわけ、野生動物の管理局にね。**わざとやったんじゃないよー**って説明するわけ。こういうこと、ほんとにあったんだからね、ハハハ。猟期の9月、10月なんて、オスの周りにメスが十数頭いるからね、至近距離で。だから下手に撃つと、ほんと、当たっちゃうんだな。骨に当たらないで、内臓貫通しちゃったりね、ライフルはものすごく威力あるからね。

お客さんハンターでも、トロフィーの角なんか興味なくて、肉だけが欲しいっていう人もいるよね。肉用のムースっていうのは、角の左右幅が、だいたい40インチ（約102センチ）以下、ちっちゃいやつね。それが一番食べごろ。角が50、60インチ（127〜152センチ）って広がっちゃったムースは、かなり年とってるから肉が固いんだ。逆にあんまり若いのも、まだだめ、筋肉だけでね。

ムースの角

角が**ガッ**と最高に大きくなるのが、だいたい生後6年目ぐらいで、10年くらい経つと、角の尖がった感じがなくなって丸くなってきて、年をとるにつれて、だんだん角が小さくなって、そんで死んでいく。

じつは、あの角、毎年、**パターン**と一つずつ地面に落っこちて、それでまた生えてくる。**あのでかいのがニョキニョキ**とね、面白いねぇ。あの角をね、アメリカの他州やヨーロッパから来たハンターがドーンと撃って、頭蓋骨をそっくり持って帰って、剝製にして壁に掛ける（ハンティング・トロフィーと呼ばれるもの）。だから、邪魔だからって、角を真ん中から二つに割って持って帰ることができない。ガイドはたいへんよ。お客の撃った**でっかい角**を、そっくり背中に担いでキャンプに帰らなくちゃならないからね。

角が左右に広がってるからさ、藪に引っかかっちゃったり、沼に足取られちゃったり、ビーバーの〝ダム〟の上から沼んなかに、転げおっこったのもいたよ、バランス崩してね、ハッハッハッ。

角だけで、目方にしたら、だいたい100ポンド（約45キロ）。ちょっとした人間ぐらいある。それをスーパーカブっていう小型飛行機で現場から積んでくるとなると、また問題で、飛行機のなかに入んないから、翼のところにね、ロープやバンジーコードっていう硬いゴムバンドで、ぎっちぎちに結わいて、ぜったいズレないようにして運んだこともある。これ、ほんとは、ぜったいやっちゃいけないんだ、危ないからね。誰かに見られたら、もぉー罰金ものだよ、ハハハ。

ムースの角は、他の野生動物の肉なんかと一緒で、売り買いはできないんだよね。自分の家の前や、リビングの壁に掛けて飾るだけなら問題ない。

オレの日本の友だちがさ、前からムースの角が欲しいって言ってたからね、14年ぶりに日本に帰るとき（1987年）、罠猟師仲間で、トーテムポールとか作っちゃう器用なマイクっていう友だちに、壁に掛けられるように作ってもらった。これだったら、大丈夫だろうって思ってたんだけどね、いやぁ、空港でずいぶん時間かかったよ、税関出るまでにね。

トロフィー級の角なら、そうね、右の端から左の端まで180センチぐらいはあるよね。ま、それよりは小型だったかもしれないけど、その角をカートに入れて、やーっと税関から出てきて、よいこら運んでた。ムースってさ、いちおう鹿だけど、ムースの角なんてめったに見ないじゃない、日本じゃ。見慣れない角の形してるからね、通りがかりの人が、近寄って聞いてきたんだ。「**これ、クマですかぁ？**」って。まいったね、これには、ハハハ。

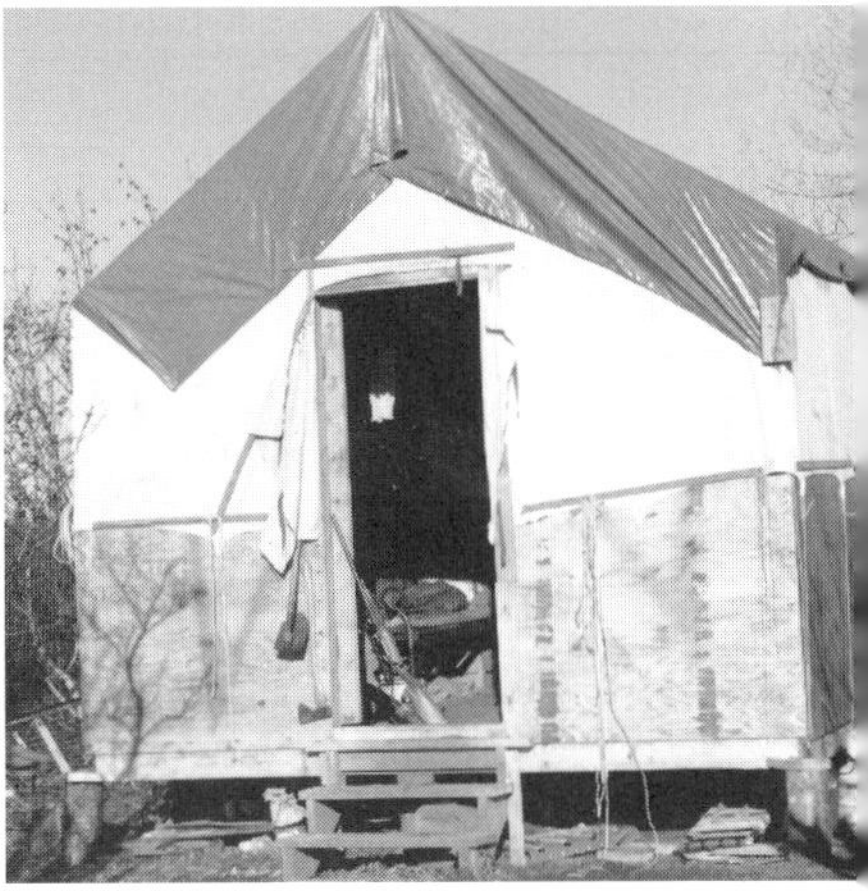

［上］毛皮を剥いだムースは、木に吊るし血抜きをし、キャンプではステーキなどにして食べ、残りは冷凍庫に保管する。この大きさだと、一家族の二冬分の肉がまかなえる。ムースの肉の売買は禁止されており、射止めた者たちだけが味わえる醍醐味。［中］ハンティング用のカターラのサブキャンプ。［下］調理するイトー。

塩漬けにするクマの毛皮

オレたちハンティング・ガイドの仕事は、ハンターを案内して、クマを射止めて、皮を剥いで、それを塩漬けにして、剥製屋に送るまで。そこから先は、ぜんぶ剥製屋の仕事になる。

捕れたての生皮は、そうとう水分を含んでるからね、まず塩をバッと振って、皮の内側にすり込む。よーく摺り込んで、目とか鼻とか、耳とか、腿のあたりもね、**よーーく摺り込んで、**ひと晩おいて水分を出す。そいで、水分を吸い込んだ塩をぜんぶ捨てて、新しい塩をまたすり込む。2回か3回、それをくり返せば完璧だね。1週間ぐらい干しとくと、ダンボール紙みたいになっちゃう。水っけが完全になくなって、塩が染み込んで、目方もずいぶん軽くなる。それを折りたたんで梱包して、剥製屋へ送るわけ。

剥製屋が言うにはね、「いちばんいいのは、クマを捕ったら、すぐフリーザーに入れて凍らせろ」。ところが、ハンティングやってるところなんかには、電気がない。たとえ自家発電機があっても、24時間回ってることは少ないし、冷凍庫があっても、グリズリー（ハイイログマ）の毛皮が入るような、そんな大きな冷凍庫なんて、ないからね。

やっぱり、昔ながらの塩漬けっていう、やり方しかないねぇ。だけど、慣れた人がやるならいいんだけどさ、若い人っていうか、経験のない人がやると、ちょっとしたことでミスすることがある。クマの場合ね、クマの手の部分から骨を取ったあと、穴があいてる。そこに塩を詰め込んでやんなくちゃなんない。で、2度目の塩に取り替えるとき、その古い塩を叩いて穴から出すんだけど、うっかり忘れちゃうときがある。古い塩が詰まったまんまだと、剥製としてあんまりいい結果がでないんだよね。10年ぐらい経ってから、爪がポロッと落っこったりね。そういうこと気をつけながら、若い人が頭にこないようにね、これはこうなんだよって、見せてやるといいんだけどね。

ひどいやつがいたよ。オレのボスっていうのは、ものすごく口が悪かった。口がうるさい。人の顔見れば、なんか文句たれずにはいられない。キッチンに入ってくるだろ。すぐ「床が汚い！」って、もうたいへん。朝食のパンケーキがちょっとでも焦げてると、「もう食わない」って怒っちゃう。

そういう人だからさ、若い雑役係に、塩のことを**ああだこうだ**って言ったんだよね。そしたら、そいつ頭にきちゃってね、毛皮を箱詰めにする時、塩を箱に入れて**しょんべん垂れちゃった**。それから詰めた、ハハハハ。まったく、こういうの、いるんだよね、アメリカ人には。

「おまえね、いったいどういう気なんだ？　ボスに怒鳴られたからってね、お客さんの毛皮に小便たれて、どういう気なんだ?」って、オレ言ってやったけどね。言ってもわかんないんだな、あういう連中は。ボスとはケンカできないんだよ、おっかなくて。なんか、**その**……なんて言うの、**くらーい**……あるんだよねぇ……、（胸に手を当て）このへんにねぇ。

第4話 アラスカ中のクマから、指名手配をくってるオレ

イトーのガイドで、ハンターが射止めたクロクマ（カターラで）

森のなかで心配なのは、やっぱりクマだね

やっぱり逃げると、犬なんかと習性がおんなじで、**追っかけてくるんだよね、クマって**。だから、後ろに下がる場合にも、ぜったいに背中を見せないで、後ずさりで下がらないとね。目と目で見合わせていると、だいたい襲ってこない。

こっちはもう、釣り糸にシルバー（サーモン）が引っかかってて、クマがそれを欲しくて、そこで待ってるんだよね。だけど、こっちだって、せっかく引っかかってる魚欲しいから、やりたくないからねぇ。**こんのやろーって**、やっぱ睨《にら》むと、クマも、**こいつは手ごわいなぁ**って思うんだろうねぇ。引き下がるよね。

ほとんどの釣り師は、サーモンが引っかかるだろ、で、クマがドーンって藪から出てきて、釣り糸でバシャバシャやってるやつを欲しがってるわけ。たいがいのやつは、恐ろしくなって、釣り糸切って逃げ

ちゃう。でもオレは、せっかくサーモン引っかかってさ、**この野郎、やりたくねぇな**って、最後までねばったこと、何回かあったね、**フフ**。でかいクマは利口で、出てこないね、用心深いから。トロフィーにならないような若いクマなんかは、とーにかくよく知っててね、どっかで見てるんだ、藪のなかから。**ウワーイ**と魚がかかって、**ヤッター!**って騒いでると、**ダダダダ**って出てくるんだよね。

いやぁ、オレは、アラスカで何十頭もクマを撃ってきたから、アラスカ中のクマに**指名手配くってるんだな**、へへへ。

とにかく、グリズリーがうろちょろしている山んなかにさ、鉄砲なかったら、夜寝らんないからね。ま、1週間ぐらい一睡もしないで鉄砲なしの夜を過ごして、ほいでやっと昼間、明るいうちに寝られると思うけど、ハハハハ。とにかくね、**鉄砲なかったら寝らんないよ、うん**。鉄砲があればさ、とーにかく、何がなんでも、鉄砲の音だけでクマは逃げるからね、クマを倒さなくてもさ。

テントってのは、地面に寝てるのと同じだから、体重の重たいクマがいくら**ネコ足**で歩いても、**ドン、ドン、ドン、ドン……**って、地響きがするわけ。その地響きが、**ドン、ドン、ドン**って近づいてきて、テントのそばで音が止まってさ、**いやぁぁ**、あの恐怖感っていうのはさ、味わわないと、口で言ったってわかんないだろうねぇ。なんていうの、自分の心臓の音があんまりうるさいんでさ、とにかく、ここ（心臓）を手で押さえてるんだよね。**ドンドンドンドンドドン**……ってね、クマに気づかれるんじゃないかってほど、響くんだ。だけど、身動きができないわけ。金縛りにあったみたいで、寝袋に入ったまんま。片手がようやく寝袋から出て、ピストルのどっかを触ってるんだけど、それ以上動けないわけ。そこにだよ、テントの布切れ1枚の向こうにさ、**ススススッ**て鼻をくっつけて、匂いを嗅いでるんだよね。これはもぉー、あの恐怖感っていうのは、なんていうかさぁ……。

　そういうでっかいクマは、おっかないんだよね。本当に気をつけて、慎重に近づいてくるから。3、4歳の、やっと親から離れたクマの場合はさ、これは犬みたいで、べつに恐ろしくないんだよね。そういうの、しょっちゅう来るんだよ。昼間でも（テントに）**ダダダッ**て訪ねてきて、で、夜になって、また来るんだけどさ。鍋を引っくり返したり、なんでもガラガラガラガラと平気で音立てるんだけど、そのてのクマは、いっさい襲ってきたりしない。とにかく、なーんにも音を立てないで近づいて来るやつね。これはもぉー……、あれが、テントに手ぇ突っ込んできたらさ、あっという間にテントの外に引きずり出されて、もう、それで**おしまいよ**。

　でもね、食糧をテントのなかに、いっさい入れなきゃ、だいじょうぶ。テントには、寝袋と衣類と人間だけね。ほいで、食糧はたとえばビニールの袋に入れるとかして、ぜんぶ表に出しておくわけ、ぜんぶね。そうすれば、ぜったいクマは人間を襲ってこない。食糧のほうに行くから。


　森のなかで心配なのは、まずクマだけだね、心配は。ほかの動物は、だいたい人間の臭いがすると、そこまでやらない。人が入ってるテントを壊してまで入ってこない。だけど、留守にしたりすると、グズリとかにやられるからさ、テントなんかビリビリにされちゃう。なーんもなくなっちゃう。なかの缶詰まで牙で噛んでさ、グチャーとやっちゃって、出てくるやつを、みんな食べちゃうわけ。

　それがクマだったらさ、でっかい缶詰を、あの熊手でガバーッとちぎって中身を食べてる。ちぎれない、ちっちゃい缶だったら、**ガチャーッ**て、口のなかで噛んでさ、ジュースとかみんな飲んじゃうわけ。テントなんか**ビリッビリ**でさ、**ビリッビリで、**地べたにべたーっとくっついちゃってる、ハハハハハ。寝袋なんかも、**ベリッベリッ**。なかの羽が、そこらじゅうに飛び散ってる。羽が出てくるから、おもしろいから、よけいやるんだよね。

さいわい、これはオレの経験じゃない。人がこういう目に遭ったのを、何回も見てる。泣きついてきた人もいたよ、食糧がなんにも、なくなっちゃってさ。食糧だけじゃなくて、燃料のガソリンまでやられちゃった。ガソリンの容器を、**グチャーッ**て開けて飲んじゃう、ハハハ。刺激のあるもの、好きなんだよね。いちばん**すごいなぁ**と感心したのは、こんなでっかい（両手で示す）、トラックかなんかのバッテリー（電池）があったわけ。そのバッテリーをさ、ブラウンベアが、滅茶苦茶にかじっちゃったわけ。なかに入ってる液体を、みんな飲んじゃった。希硫酸。クマっていうのは、ま、そういうアレがあるんだよねぇ。

日本から来たハンターたち

日本の人は、**せっかち**なんだよね。**ぱーっ**と来て、ま、1日か2日でハンティングを終わらせて、あとは一杯やりながら、のんびり。そんな感じで来るんですよ。だからね、最初の1日、2日、3日、4日目ぐらいまで何も捕れないと、たいがいの人は、**イライラ**してくるんだよね。

「**もう、ダメだな**」って、こう、すぐ泣き言が始まる。

「あぁ、もうダメだ。これは、もぉーダメだ。今年はもう、クマなんか捕れねぇで、手ぶらで帰んなきゃなんねぇな。**オレ、まいったなぁぁぁ……**」なんてね、ハハハ。

こっちは、せせら笑ってね。「そんなこたぁないよ。明日、もしね、ぱぁーっと天気がよくなって、風向きがよかったらね、いきなりクマが、目の前に飛び出してきたり、そういうことがあるんだよ」。そう言ってたらね、次の日は、撃つチャンスがあった。

　でも、ダメだった。撃ったのは、夕方だった。クマが出てきたんだけど、ちょっと遠いから、近づいていったら、クマが足音に気がついて、山んなかに歩いていっちゃった。逃げたわけじゃないんだけど、とにかく視界から、見えなくなっちゃった。

　そしたら、そのハンターのお客さんが、「まだ、クマがいる」って言うんだよね。オレがね、いくら双眼鏡で見ても、クマいないんだよ。でも、その人は「**いるっ！**」って言い張るんだ。「どこに？」って聞いたら、「**あそこ**だよ、イトーさん、ほら、**あそこ**にいるだろ」。

　指差す方向を、双眼鏡で**ガーッ**と見てもさ、50メートルぐらい先ね、やっぱり見えないんだ、いないんだよね、クマなんか。でも、その人は、**いるっ！**って言うんだよね。わぁー、すんごいなぁ、すっごい人だなぁ、この人は、と感心してさ、「撃ってください」って言ったんだ。とにかく、そのハンターは、こう狙ってね、**カパーーーッ！**っと撃った。そしたらね、「**やったーっ!!!**」って叫んでる。オレ、見てもね、**ぜーんぜん**。「じゃ、行きましょう」って、撃ったところに連れて行ったらさ、こーんな**でっかい木の切り株**だった、ハハハハハハ。「これ、撃ったんですか？」「これだよ、イトーさん」、ハハハ。オレさ、ほんとに、それがクマだったら、もうオレ、そこでハンティング・ガイドをやめてたよ、**ハッハッハッ**。

　その次の日は、カンカン照りになっちゃった。だからオレ、朝5時にそのお客さんを叩き起こしてね。で、飯食わして、6時半ごろキャンプを出て行った。まだそのへん、いちめん霜が張ってる、カーッと凍ってね。ちょうど朝日が当たって、いい時だなぁって、双眼鏡で**ガーッ**て見渡したら、5、6頭、クロクマが出てるんだ。そんななかでも、いちばん、でかいやつに目星をつけて、そいつのいる方向に、**だーっ**

と歩いてった。　クマは気がつかない。夢中で喰ってるからね。クマまでのあいだには、ものかげも何もないんだけどね。

「このままストレートにね、まっすぐ行きましょう」ってオレは言った。で、なんにもないとこ、まーっすぐ近づいていく。

「その代わり、ぜったいにクマを見ないでくださいよ。頭を落として、自分の爪先だけ見てください。で、わたしの後ろから、ついてきてください」。

で、ずーっと、そうやって進んでいったんだよね。ちょこちょこって行ってね、こうちょっと向こうを見るんだ。クマはまだ喰ってる。で、またダーッと、5、6歩進む。クマはね、数秒間、喰い続けて食い物が口ん中に入ると、必ずこう頭上げて、鼻で匂いを嗅ぐ。クマってのは目は悪いけども、あるていど周囲を見て、匂いとか、風向きとか、そういうもの調べるわけ。クマがそうしてるあいだ、オレたちは**ぴたーっ**と止まって、下向いて、身動きひとつしないで待ってるんだ。で、またクマが喰い始めると、また、ちょこちょこって進んで、ついにね、クマから100メートル以内まで近づいた。あいかわらず、さえぎる物がない。ほいで、オレたち二人で、ライフル並べてね、**ダダダーッ!**って撃った。ところが、そのクマがまたでかいやつで、コロッといかなかったんだよね。**ダダーッ**と、クマが飛び上がってね、その隣にあった、でっかいビーバーのダムんなかに、飛び込んじゃった、水しぶき上げてね。わぁーっ、**こりゃまいったなぁ**って、オレ、そこまでぶんぶん駆けてって見たらさ、クマは断末魔なんだよね。ビーバーのダムの中で泳いじゃってるんだけど、片手が利かないから、もう片方だけで泳いで、どんどんどんどん、真ん中のほうに行っちゃうんだよね。**まいったなぁ、こりゃぁ**って思って見てたらさ、ちょうどそのダムの真ん中で、ついに**オダブツ**になっちゃった。

風もないし、水はものすごく深そうだし、**どうする**って感じ。投げる石もないようなとこだからね。しょうがないからさ、ナタで、このくらいの（両手で示す）枝をさ、チャカチャカチャカチャカ何本か切って、それをブーンと投げて、少し波紋を作ってね、やっと7、8メートルある長ーい木がやっと届くようになった。そうやって、どうにかこうにか、クマをこっち側の岸まで引き寄せた。クマが濡れネズミになってるから、かーなり重いんだよね。クロクマでも、けっこう、でかいヤツだったからね。おそらく500パウンド（約250キログラム）ぐらいあったね。それを二人で、**エイヤーーーッ!!!**って引っ張り上げて、そこでオレがぜんぶ毛皮を剝いで、濡れネズミのその毛皮を背負ってキャンプへ戻った。

そしたら、飛行機がちょうどやって来た、食糧の補給にね。その飛行機に毛皮を積んじゃったおかげでさ、毛皮をきれいにするとか、いつもの仕事がなくなっちゃった。じゃ、昼飯でも食って「すぐまた行きましょう」って言ったらさ、「オレ、もう疲れたよ。まいったよ。今日はもういいじゃない、1つ捕ったんだから」って、お客さんが言う。オレは言ったんだよね。「こういう日はどんどん攻めないと、なにがあるか、わかんないから」ってね。オヤジさん、しぶしぶ承知してついてきたよ。また、クマ探しの「現場」に行ったらさ、その人、朝から重労働で眠くてしょうがない。プラスチックの椅子を置いたら、すぐ腰掛けて「煙草吸っていい？」「どうぞ、やってください」。煙草、ポコポコって吸ったらね、もう寝ちゃってんの、ンガーって、ハハハ。

結局、1日探してね、夕方の5時半、6時ちょっと前だったかね、ブラウンベアが出てきて射止めた。1日のうちに、朝にクロクマ、夕方にヒグマを捕るっていう、こういうこともあるんだよね。さすが、この人もびっくりして、まいってたけどね。

「オレ、ちょっと……。イトーさん、オレ、ちょっと泣き言ったりして、悪かったなぁ」

「いやぁ、ほんとに捕れない人も、いっぱいいるんだから、こう1日で2つ捕ったなんて、ほんとにラッキーですよ」って言った。

オレだって、かったるいよ。もう1つ毛皮を背負って、水やら血やらで、背中からパンツから何から、びちょびちょになってね、もう、かったるいから行きたくないけども、こういうチャンス逃したら、また二度とないと思ってさ。

そしたら、次の日は、雨嵐。朝起きて、ハンターの人がびっくりしてるんだよね。ものすごい嵐になってるから。だからね、オレね、その時「**熊嵐**」っていう言葉を思い出した。北海道のクマの物語か小説かなんかで、読んだことあるんだよね、ハハハ。だから、この人にね、

「これを〝熊嵐〟っていうんですよ。ブラウンベア捕るとね、必ず次の日、こういう嵐が来るんですよ」。

「熊嵐……、へぇぇぇぇ……」ってね。フフフフ、こりゃぁ、ちょっと言い過ぎたかなぁっと思ったけど、ハーッハハハ。

弓矢ハンティングでやられた動物は、反動で走るんだ

鉄砲でハンティングをやるってことは、**フィフティー・フィフティーじゃない**って言う人がいる。ほんとうは自分は、素手で獲物を捕りたいんだけど、それはできないから、弓とナイフを使ってハンティングする、っていうハンターも、けっこういるよね。

そういう人のガイドもやったことあるけどね、たとえばムースが、スッと弓で倒れるだろ。もうここで、

すぐ解体したほうがいいって、オレ、言うわけさ。どんどん出血してるし、ムースが苦しんでるから、1発オレが（鉄砲で）トドメ刺して、すぐ解体しようって提案するんだけどね。

「ノー」って、腰からナイフ抜いてね、ムースに近づいてく。危ないよぉ。ムースってのはさ、おっきいだけじゃなくて、ものすごい力があるんだ。死ぬ間際だってさ、足をこう、蹴るんだ。その足がパンと当たったら、人間の足なんて簡単に折れちゃうからね。だから、ムースが完全に死ぬまでは、ぜったいに近づくなって言われてる。

でもね、その弓矢ハンターは、やったよね。そのまま近づいていって、ムースの首に、ナイフで**トドメ**を刺した。ボーイ・ナイフっていう、カッターナイフのデカイやつでね、アメリカ製の。それで、ムースの喉をかっちぎってね、自分の手でトドメを刺した。**いやぁ、**すごい人がいるもんだよねぇ。

弓矢なんてのは、ほら、先っぽが尖ってるから、**スパーン**と入っちゃうから、クマなんてもう、痛いとも、かゆいとも思わないわけ。だけど、なんかショックがあった瞬間、そこに人間がいれば人間に襲いかかってくるからね。そんときに、やっぱりガイドがついてて、**ダーーーーン**って撃ってやんないと、てめぇがやられちゃう。

でもさ、オレ言ったんだよね。「**ほんっとに**、弓矢でブラウンベアを撃ちたい気持ちがあるんだったら、ガイドなんか雇わないで、弓矢を持って、一人で行ってみたら？　そうすれば、もう**最高のハンティング**できるだろう」ってね、ハハハ。そうしたら「それはできない」って、「クマに逆襲されたときに、おれはどうすればいい？」ってさ、フフフフ。

ま、しょうがないよ。もう瞬間だからね。弓矢で射るやるとなると、10メートルの至近距離だからね。10メートルってのは、クマにしてみたら、わずか1秒の何分の一かのタイムで走れる距離だから、あっという間にオレたちの目の前まで来ちゃうからね、うん。弓矢でやられたクマは、いったんその反動で逃げるんだ。

たとえば、人間が潜んでるのも知らないで、クマは草を食べたり、サーモン食べたり、ま、やってるわけよ。オレが銃を構えてて、こっちへ向かってきたら、そうそうそうそう、ハンターが弓矢を放つでしょ。弓が、**スパーーン！**と、クマに入る。**シュワッ**と入って、とにかく音がしない。クマは、なんだか**スパーッ**てショックがあっても、弾に当たったようなショックじゃない。**スパッ**て入っちゃうから。ほんで、瞬間、おかしいと思うから、とにかく頭が向いているほうへ、全速力で突っ走るわけ。瞬間、そうね、もう目にも止まらない速さっていうか、そのクマがアクションを起こして、次にどこに飛んでいって、どこの藪んなかに入るかっていうのを、しっかり見てないと、もぉー見失う。そのくらい早い。**もーんのすごい**。なんちゅうのかなぁ、弓が当たった瞬間に走り出したクマを、ライフルで狙ってて、撃つチャンスがあるかなぁと思って、オレ、いつも構えてるんだけど……、**ないね**。そのくらい早い。**ダーーーーッ**て行っちゃう。（そこに人間が立ってたりしたら）えらいことになるね、うん。

弓矢の場合、クマの頭がこっち向いてるときは、もちろんチャンスはない。ほんで、弓矢の場合は、あばら骨の隙間に射込んで、心臓でも、肺臓でも、スパッと射抜かないと出血多量で死んでくれないから、クマが真横を向いてないと、ダメなんだ。クマが真横にくる位置から、弓を放つわけ。だから、比較的、クマに襲われるチャンスはないんだけど、当たった瞬間、こう逃げるからね、ま、それでもやっぱり、怖いよね。

クマの皮を剥ぐ

ま、クマの皮を剥ぐっていうのは、たいへんな仕事よ。目方で、200キロ以上、300キロぐらいあるのかなぁ。生の皮だからねぇ。それを担いで歩かなくちゃなんない。**すんごい**。乾いてないからね。ほんで、忙しいときで時間がないと、頭蓋骨とかそのままつけて、ぐるっと巻いて、丸めて、で、大きな背負子のでかいやつに結わいつけて、あの登山やるときの背負子ね、で、杖ついて、まずそうね、中途半端な重さじゃないから、大の男のアメリカ人でも、30分まともには歩けないね。

こんな細い小川みたいのが、ちょろちょろ流れてて、それがビーバーの通り道で、ものすごい水深1メートルぐらいあって、渡れない場合がある。こんな細い小川なんだけど、そこをポンと、飛び越さなきゃなんない。だけど、皮が重いから、川を飛び越すことができない。うん。**いやぁ、おそろしい**。その皮を担いだまま、一度、ビーバーの池に、ビーバーのダムっていうのは、幅4、5メートルある高いダムで、ほんで、こっち側は水がほとんどないんだけど、あっち側は満水なわけ。ほんで、歩くとこってのは、ほんとに狭いんだよね。枝がぐじゅぐじゅになってて、そこ歩いてて、まともに落っこったことあるけどね。(クマの皮)担いだまんま。うん、クマの皮に殺されるところだった。そのザックが外れなくて。重りみたいに沈んじゃった。**いやぁ、まいった**。

ま、クマがいるところって、だいたい秋はサーモンが上ってくる。で、春はいちばん先に雪が解けて、青草が出てくるとこね。だから、もう沼、水のあるところが多いんだ。ムースもそうだけど、だいたい野生動物っていうのは、そういう、なんていうのかな、水辺とか水のあるところに集まる。餌があるからね。

だからもう、春のクマ撃ちっていったら、もう雪が降りしきるなかを、川を渡ったり、ビーバーの池渡ったり、クマに近づいていくときに、もう腰まで水に入っちゃうことあるんだよね。で、もう、ヒップブーツ（腰までの長ぐつ）のなかなんて、水びたし。そういうなかでハンティングやるから、中途半端じゃないよね、ハハハ。

人間が皮を剝いだ後、クマの肉塊はどうするかって？ ほかのクマが来る前に、コヨーテとか、タカとか肉食の動物にほとんど喰われちゃう。タカなんかすごいね、あっという間に来るね。コヨーテなんか、1頭や2頭じゃないから、数頭の群れがウワッと集まってきて、ひと晩で食べるから、クマ1頭ぐらい、あっという間になくなっちゃう。

クマの胃袋は、モツ煮の神様

クマの肉で、いちばんうまかったのは、内臓だったね。春の、冬眠から覚めたばっかりのクロクマの内臓。それも胃袋ね。

うん、もうひと冬なんにも喰ってないから、あのでかい胃袋が、こんなちっちゃく収縮してるわけ。それがうまい。**もーう**、なんともいえない、なんていうのかなぁ。もう、モツ煮の神様みたいな感じで、**いやぁ、うまかった**。

こう伸びきってるやつが、**じわーーっ**となって、厚いの。ほんで、それを味噌で煮ると、胃袋っていうのは、固い皮があるから、**ぴーっ**、1枚はがしちゃう。んで、それをほかのレバーとか一緒に煮るんだけ

［上］クマの肉と毛皮をベース・キャンプに持ち帰った後、毛皮の内側に塩を何度もすり込んで干す。１週間ほど干すと、乾いてダンボール紙のようになるので、折りたたんで剥製商に送る。

［下］ベア・ハンティングのためのカターラのサブ・キャンプ。（ともに 1987 年）

ど、いやぁ、ほかのものは、もう食いたくない。（鍋のなか）胃袋だけ探してたりして、ハハハ。

オレのクマ退治法

オレの住んでるクリアーの地元でクマに出会ったらね、鳥撃ち用の細かい散弾あるだろ。**細かーいやつね。**あれを撃ち込んじゃうんだ、クマのケツに。あれだったら、クマは毛が多いだろ、それに皮が丈夫だから、（散弾が）バターンと当たっても痛いだけで、皮膚のなかまでいかないんだ。**バターン！**とやると、ケツのあたりから、ほこりがバーンと上がってね、一生懸命、逃げて行くよ、ハハハ。ま、ケツを、平手で叩かれたような気がするんじゃないかな。

このへんにもね、ときどき、グリズリーが出てくることあるんだな。**あいつ**が来ると、やっぱり、ちょっと問題だよね。鉄砲を使わなくちゃならない。鉄砲でドーンと至近距離から撃って（驚かして）、それでも逃げなかったら、クマを撃たなくちゃなんないからね。そうね、ま、場所にもよるけど、たとえば、グリズリーがゴミをあさってて、ぜんぜん人家も家も何もないようなところだったら、地面を撃つんだ。そうすると、石やなんかが飛ぶでしょ。それで驚いて逃げるんだ。石が飛んで、さらに地面がほじくれた、なんていうかね、ものすごい音がするんだろうね、獣にとってはね。目の前にそういう衝撃があると、もう、**アァアァアァ**って感じで、**ダーッ**と横滑りしながら逃げて行くよ、うん。

クマに対する恐怖心っていうのは、みんな持ってるようだね。（クマが）こう来たらこうする、というパターンを知らないから。クマはさ、べつに人間を襲うつもりじゃないんだけど、人間のそばに出てくると撃ち殺されちゃう。**クマっていうのは怖いもんだ**っていう先入観を、みんなが持ってるからなんだよね。オレは、猟期以外だったら、クマがどんなにそばまで来ても、撃ち殺したことはないねぇ、**ぜったい**。鉄砲の音で脅かして、追っぱらったりはするけどね。

猟期以外の時期に殺しちゃうとね、きれいに毛皮を剥いた後、なぜそうなったのかっていうレポートをぜんぶ書いて、お役所に持っていかなくちゃなんない。そこで、お役所が皮とかぜんぶ調べて、あんまりぞんざいに始末してると怒られるんだな。始末書を取られる。それに、レポートが完全じゃないと、また書き直し。根掘り葉掘り聞かれて、これはちょっと問題だなということになったら、裁判にかけられて、まごまごしてると、罰金、刑務所入り……、そのくらいうるさい。正当防衛で撃ったということでないと、認められないんだよ。

たとえば、テント内の食糧とかを取って逃げるクマを、後ろから撃ったっていうケースもあったね。山んなかで食糧をごっそり盗まれたら、人っ子ひとりいない釣り場とかキャンプ場で、人間は困っちゃうだろ。それこそ、翌日からウサギとかリスとかを捕らなきゃなんない。エライことになる。だから、後ろからクマを撃っちゃう人も多いんだけどさ、それって、けっこう、むずかしいんだな。まず急所にはほとんど当たらない。延髄が急所なんだけど、ま、よっぽどラッキーでないと、まず当たらないよね。

で、やむをえず正当防衛でクマを撃ち殺してしまった場合、「フィッシュ・アンド・ゲーム」っていう名の、アラスカの野鳥獣保護管理局に、とにもかくにも届けなくちゃなんない。でないと、あとでエライことになるからね、うん。

だけど、クマの皮を剥ぐっていうのは、素人じゃなかなかできないからねぇ。むずかしい。胴体とか、そのへんのでかいところは、ほとんど問題ない。腹からぴーっと喉まで開いて、足もここまで開いて、ね、ほんで広げてどんどんいって、（脚の）指先とかむずかしいから、このへんに関節がある、でかい関節をナイフで取っちゃう。首も関節から取るけど、頭とかは取らないでそのままにしておいとく。むずかしいからね。足とかもね。

で、そのままにしておけば、管理局の人が来たとき、ひょいと持って帰れるから。あ、ここまでやってくれたのか、ありがとう、って言ってくれるからね。ま、そうね、オレの友だちもムースに出会って撃ち殺しちゃって、そんとき、書く紙もなくて、どうしようかと思ったら、キャンプにちょうど紙皿があった。その紙皿に状況をぜんぶ書いて、それをほかのハンターに託して、その人が持ってって、で、（管理局の）レンジャーがやってきて、で、皮と死体を調べて、で、問題なく帰ったけどね。

コラム

鉄砲を持たなかった、星野道夫さん

いやぁ、オレね、以前ね、この向かいのバー「クリアー・スカイ・ロッジ」に、毎日のようにコーヒー飲みに行ってたんだよね。オレの友だちが店やってたんで。

あそこのうす暗ーいカウンターに座って、コーヒー飲みながら、今日は何しようかって、近所の連中と相談したりしたわけ。そのくらい、のんびりしてるんだよね、あのへんは。毎日通ってたんで、いろんな人に会ったけど、日本の旅行者とかも立ち寄ったりしたねぇ。ガソリンも売ってたからね、そのころは。

そんななかに、カメラマンの星野さんもいたねぇ。そのころ、まだアラスカ大学の学生で、デナリ公園にいつも通ってた（デナリ国立公園は、日本の四国くらいの面積で、オオカミやハイイログマなど多くの野生動物が生息する）。フェアバンクスから公園まで、そうね、だいたい2時間半。**ガッタガタで、ボッロボロの**、それこそ、やっと走るくらいのダットサンだか、スバルの車に乗っててさ。このバーは、ちょうど公園に行く途中にあったからね、よくここで、ガソリン補給に停まったんだよね。

オレはそのころ、ここで毎朝、掃除とかしながら、手伝ってたんだけど、そのころのオレの格好っていったらさ、ポニーテールで真っ黒に日に焼けて、きったないジーンズかオーバーオールかなんか着てるからさ、とても日本人には見えなかったわけ。だから、オレのほうから、星野さんがレジでガソリン代払うときに、声かけた。

「**あんた、日本人？**」って。そしたらさ、**びっくりしてねぇ**、ハハハ。で、

「わたし、あの、星野といいます」って、自分の名前と住所と電話番号を書いてくれて、で、オレも自分

の住所書いて、

「オレ、このバーのすぐ裏に住んでますから」って。

それが、星野さんと会った最初だねぇ。で、ま、何回かその後、ここで偶然、顔あわせたりしたよね。

カメラと望遠レンズを1本でも多く持ちたいから、星野さんは、鉄砲をいっさい持たないわけ。あらゆるウェポン（武器）を持たない。散弾銃も持たない。ピストルも持たない。ちっちゃな小型拳銃すら持たなかったんだよね。それで、山んなか入ってやってるわけ。だから、オレ、**「いつかね、一生に一度はね、（クマが襲ってくる）危険があるもんだから、そんとき、星野さん、ヤバいんじゃないの？」**って言ったんだ。そしたらさ、笑ってたけどさ。

星野さんよりも、彼の親のほうが心配してたよ。１９８７年に、オレは14年ぶりに日本に帰ったんだけどさ、そんとき、星野さんの市川の自宅に遊びに行ったんだよね。

「大丈夫かな」ってね、お父さんが。

「いやぁ、とにかく、わたしは、山んなかに入ったら、鉄砲がなかったら、安心していられませんよ」って言ったんだよね。そしたらお父さん、

「鉄砲がなかったら、やられる危険がありますかね？」って。だから、

「いやぁ、そりゃあ、ありますよっ」てね。本人より親父さんのほうが心配しちゃって。

でもね、星野さん本人は、クマの習性とか、そういうものに精通してるわけ。クマの研究家みたいなも

んだよね。だから、クマをぜったいに刺激しないっていうやり方で、写真撮ってるんだ。自分がいるところ、自分が今、こういうところにいる、なんていうの、こういう山んなかのある場所で、たとえばそこでカメラを据えてクマを撮るとき、地形というのを考えて、いつもやってるんだって言ってたね。とにかく、藪んなかとか、先が見えないとこは、踏み込まないいんじゃないのかな。

（語り、９０年代初）

（編者注：写真家の星野道夫さんは、１９９６年8月8日、撮影で訪れたロシアのカムチャツカ半島南部のクリル湖畔で、ヒグマに襲われ、43歳で亡くなった。この話は、星野さんが亡くなる以前に録音されたものなので、当時の話のままの表現にした。なお、星野さんを襲ったヒグマは、人間に餌付され、人間のもたらす食糧の味を知っている個体であったという）

第5話 ドール・シープを追うってのは、ハンティングの醍醐味だね

マウンテン・ゴートは、岩登りの天才！

初めてアラスカに来たとき、オレ、銃なんか持たないでアラスカ旅行してただろ。ハイウェイのわきっちょに、小さいオートバイ停めて、で、テントで寝るんだけど、なんか真夜中にいい気持ちで寝てると、ブツクサッ、ガサッ、ガサガサッなんて近づいてくる音がある。ムースだか、クマだかなんだかわからない。そういう時は、ほら、銃とかなんにも持ってなかったから、フライパンと鍋で、**バーンバーンバーンバーン！**って叩いたら、もう、**ガラガラガラガラーッ！**って逃げていくね、うん、あの音で。あの金属の音ってのは、やっぱり、野生動物は嫌なんだろうね。野生の世界にはない音だからね、それで驚く、うん。

マウンテン・ゴートっていう、野生の山羊がいるんだけど、あと**ドール・シープ**とか角がグルッとまるまってるやつ、うん、あの連中は岩山に住んでて、常に氷河とか岩が崩れたりする、そういう音をしょっちゅう身近に聞いてるわけ。だから驚いたことに、**ガラーンガラーンドカーン**と鉄砲撃っても、その音

アラスカ山脈のデボラ山と氷河を前に、ドール・シープを追う。（1986年）

じゃ驚かないんだよね、うん。**ドーーーーンッ！**って撃って、当たんなくて、**お、当たんなかったよ**ってな感じで、また平気で草食ってる。それがムースだったら、一目散に逃げちゃってるはずだけど、あの山ヤギやドール・シープたちは、**ぜんぜーん逃げない**。その音に慣れちゃってる、でかい音にね。微動だにしない。2発、3発、5発……、10発なんて撃つチャンスがあるよ、ハハハ。

気持ちがいいハンティングができるっていうのは、そうねぇ、やっぱり山羊とかマウンテン・ゴートっていうやつだね、あのハンティングはいいね。だけど、ほかの動物みたいに追うことはできない。たとえば、ここにシープがいて、山の頂上があるでしょ、シープが草つきのところで草を食べてて、下から追ってくと、あっという間に向こうに越えて逃げちゃうね。もう山の、とにかく発見した場所から彼らが移動しちゃったら、こっちは、また草木も生えていない岩山を一つも二つも越えなきゃなんない。

そういうアレがあるから、なるべくあいつらの目につかないように、風向きとか考えて、もうとんでもない回り道して、山を二つ三つ回り道して裏から上がってく。そのシープが草を食べてる高さより、**高いところに**、その、彼らより**高いところ**へ行ったら、敵が上に現われても、彼らは急にUターンして山を下るっていう能力がないから、山を登ろうとするわけ。だから、上にいれば撃つチャンスがいくらでもあるわけ。ま、だいたいそうねぇ、ハンターとガイドで**ボンボン**って撃てば、ま、間違いなく最初の射撃で捕れるね、うん。

すごいよ、あの連中、ドール・シープとか、マウンテン・ゴートとか。ハンティングで、あの連中と付きあってるでしょ。とにかく、2、3週間、あの山に入ってハンティングやってて、シープの群れとか、年がら年中、朝から晩まで見てるんだからね。ほんで、どういうことやってるかなっていうと、それが**すごい！**　切り立った断崖絶壁みたいなところを、登ったり、降りたりしてるんだけど、登るのはたいがい

アラスカ山脈の中腹で、ハンティング・ガイドとしてドール・シープを追う。（1985 年）

できる。やっぱり、どんな断崖絶壁でもジグザグに、群れで登っていく。

だけど、そこを降りていくってのは、すーんげぇ難しいのね。ほれを、やるね、うん。とくに若いオスとかは**チャレンジ**するのね、**チャレンジ、うん**。わざとそういうふうにやる。みんなが見てる前で。やっぱり自分の力っていうのかなぁ、そのぉ、おれはこういうことできる、みたいにやるんだろうね、うーん。なぜ、どうしてそこを降りなきゃなんないかっていう理由はなんにもない。群れはみんな高いところにいて、こうやって見てるわけ。ね、そんで、1匹だけが、チャンチャカチャンチャカチャンチャカチャンチャカ降りていくわけよ、うん。で、しばらく行くと、もう足場とかなくなっちゃって考えてるわけ。**だーーーっ**と岩の上に乗っかって考えてて、そのうち**パーーーっ**と飛んで、で、また降り始めて、**いやぁ、すごいすごい**。もぉー、こっちは遠くのほうから双眼鏡で見てて、半日ぐらい見てるけど、**あきない**。すんごい。あれは、やっぱりゴートとかドール・シープってのは、岩登りとか、バランスの天才なんだね、うん。すごいと思うもんね、見てるとさ。

一度、**すごかったのはね**、ブラウンベアの親子連れが、母親と子グマが2頭、来たっ。氷河の上の、ゴートがたくさんいるところに。で、ゴートの群れが、**ぱーーーーーっ**と逃げた。ところが、5、6頭のゴートが逃げそこなった。クマが来るのに気がつかなかったんだ、ちょっと場所が離れたところにいてね。クマがやってきたときには、もう逃げるチャンスがなかった。で、逃げるとこっていったら、あとはもう、その草が生えてる草つきから150メートルぐらい降り立った断崖絶壁で、下は湖。150メートルぐらいかな、湖まで。その断崖絶壁に降りるしかないんだけど、そこは、オーバーハング（突き出した崖）になってた。こうなって（両手で表現してる）。だから、まさか、降りてくるとは思わなかったんだけど、そのゴートがクマに追い詰められて、降りた。**もぉー**、ゴートたちはオーバーハングの直前まで来た。クマがいるところからは、たったの5メートルぐらいしか下がってないんだよね、上から。したら、その母親のクマは降りれないから、寝そべって半身乗り出して、前脚を伸ばして、こうやって捕まえようとしてる。**ほーんのちょっとで届かない**。すごい。もうじーっと、**ほんっとに、もう**、紙一重のとこで、じーっと、5、6頭のゴートが**じーっ**として、クマを見てるんだよね。いやもう、なんていうのかなぁ、そのぉ、クマだって中途半端にあきらめないさ。体勢入れ替えて、あっち行ったりこっち行ったりして、**いーろいろ**やるわけ。それをね、**じーっ**とこう見て、あぁ、それねぇ、半日ぐらいやっぱり見てたけど、**すんげぇ**、やっぱりドラマだなぁって、感心してたけどねぇ。

結局、クマは**どーにも**届かないんで、あきらめた。うん、歩き去った。ほんで、クマが去ってしばらくしたら、30分ぐらいしてから、ゴートはやっと上に戻って、で、何ごともなかったように草喰ってるわけ、一生懸命。ほーしたら今度はさ、**ウォーブリン**（グズリ）っていうのがやってきたわけ、あっちから。あれが、**パーン、パーン、パーーン**って、ゴートを襲おうと思ってやってきた。したら、それをゴートが発見したとき、**150**メートルぐらい距離があった。だから今度は、その草を喰ってるところからゴートたちが逃げ出した。一生懸命逃げた、高いところへ、**ター、ター、ターーン**って。ウォーブリンも追っかけてった、**パンパカ**って。

で、1時間半ぐらいしたら、5頭の群れがまた戻ってきた、同じところへ。ずーっと、どこ回ってきたか知らないけど、とんでもないとこ回って逃げて、うん、ウォーブリンは、うまくまかれた、ハハハ。で、無事に帰ってきたゴートは、5頭とも疲れきってさ。もう、ハッハッハッハッ……って、舌べろ出して、やっと歩いてる感じ。そのぐらい疲れるのね、アレね。逃げて歩くってのもね。ま、そこへまたたどり着いて、そこはやっぱりいい場所なんだよね、草がたくさんあって。で、やっぱり逃げやすいところなのかなぁ。今度は草食べるどころじゃない。草の上にひっくり返って、みんな寝てたけどね、うん。

ぜったいギブ・アップしないグズリ

ウォーブリン（グズリ）っていうのは、ウィゾー・ファミリーっていうんだよね、イタチ科。あれはね、弾丸のように走るってことはできない。なんていうのかなぁ、飛び跳ねるみたいなんだ、**ピャーンピャーンピャーン**とね。うん、だから短距離ではスピードないけど、長距離だったら、おそらく1日走ってることできるんだろうねぇ。パンパカパンパカね。体中が筋肉っていう感じだからね。

一般に、ウォーブリンって数は少ないけど、場所によっては、たくさんいるとこあるんだ。やっぱり、海岸線の、その、ゴートとか、ポーキュパインっていうヤマアラシ、あの、針の生えてるやつね、あれがたくさんいるとこにいるねぇ。ポーキュパインっていうのは、ウォーブリンの大好物なの。だから、そいつがいるとこには、たくさんいるんだけど。海岸線のそうね、森林限界の雪山とかね、森林がどんどん少なくなって、ここからはもうずーっと雪、そういうとこにもいるね、かなりね。

ほんで、腹が減ると降りてきて、森んなかでポーキュパイン食べたりして、また雪山に登ってってたりして、あれ、なにやってんだ、あんなとこに登ってってね、雪んなか、**たーーーーー**って穴掘ったり、なんかやってんだよね。あの雪の下に、なんかいるんだろうねぇ、地リスみたいなもんがねぇ。餌を探してるんだと思うけどね。

とにかく、春のクマ撃ちってのは、ま、雪山を歩きながら、クマの足跡とか、冬眠から覚めて出てくるやつを捜す仕事で、ほとんど朝から晩まで雪山を眺めてるわけ。春だから、**雪崩とかすごいんだよね、**

ダーーーンっとあるから、そういうのが面白いからまた見てる。するとさ、必ずウォーブリンがいる。最初、遠いから、ウォーブリンって、歩き方がクマにそっくりなんだ。こういう歩き方して（両手でクマ手をかく）。ほんで、「**いたっ！　ブラウンベア‼**」って見てると、ウォーブリンなんだな、ハハハ。またいたっ！って、双眼鏡じゃなんだから、スポッティング・スコープっていう倍率の高い棒みたいなやつね、40倍ぐらいあるやつ、あれでこうやって見ると、やっぱりまたウォーブリンなんだ。なんで、あんな高いところに行かなきゃなんないか、ちょっと理由がわかんないんだけど、なんなんだろうねぇ。ま、力を持てあましてるってみたいなとこ、あるけどね。うん。

あー、こういうこと言った人いたねぇ。オレが「ウォーブリンが、春の雪山の上、しょっちゅう歩いてるんだよ」って言ったら、あれだよ、「ブラウンベアの子どもを狙ってるんだよ」って言ってた。それとか、ゴートの子どもね、ヤギね、あれの子どもが同じぐらい高いところにいるから、あれを狙ってるんだって言っている人も、いたね。あながち間違ってないと思うんだよ。意外とそういうあれ、あるかもね。

いやぁ、あいつはね、罠に掛かってても、うっかり近づけない。もう、人間が近づいてきたと思ったら、必ず**グワワーッ**て飛びかかってくるからね、罠がくっついてても。ぜったいギブ・アップしないんだ。

第6話 アラスカでの事故は、命にかかわるね

スノーモービルごと、湖に沈んだ

今まで、狩猟や罠猟をしてきたけどさ、動物に危険な目に遭わされたっていうのは、まずないね。だけど、危険なことはいろいろあった。たとえば、足場の悪いところから転落したり、ボートとか小型飛行機とか、戦車みたいな乗り物に乗ってるとき、事故を起こしたりね。転覆とか、横転なんか、しょっちゅうだったね。獲物が目の前にいると、デッコボコの路面の状態とか見ないで突進しちゃうだろ。そういうときに、やられることがある。だから、よっぽど気をつけないとね。これは、ハンティングのときの場合だけど、最初にやらかした事故は、罠猟をやってるとき。こんな顛末だったねぇ……。

その年は、11月の初めから寒波が押し寄せてきてさ、やったら寒くて、湖とか川とかの氷が、平年より何倍も厚く張ったんだ。ビーバーの罠を調べに、スノーモービルで大きな湖まで、**ビューン**と出かけていった。氷に斧を、2、3回入れたんだけど、まったく受け付けないほど氷が分厚く張っていた。これな

カターラのベース・キャンプ近くの海岸。ここでハンターを乗せたセスナが離発着する

ら大丈夫だと思ってね、湖の氷の上を、（スノーモービルを）スーッと乗り出したんだ。まわりの様子とか、動物の足跡とかを探しながら、のーんびりと走ってた。するとさ、湖のほとんど真ん中くらいまで来たときに、なーんか、対岸がせり上がってくるような感じがしたんだよね。これ、じつは、氷がへこんで、自分が沈んでいたんだよね、スノーモービルごと、ハハハ。

オレさ、**あーわてて**すぐにアクセルを全開にしたんだけど、もぉー、間に合わなかった。ところがさ、どーんと落ちないんだ。**ビシーッ**といってから、**ワーッ**とたわんで、**ズブズブズブーっ**て、スノーモービルごと水のなかに沈んでいったんだ。オレは、スノーモービルを離れて、湖を泳いだ。そのときは、**もうダメだ、凍って死ぬ！**　それしか頭になかったね。あぁ、これで**オレも終わりだぁっ**と思って、パニックになって泣きわめいた。ところが、ふと気がつくと、水のなかにいるんだけど、ぜーんぜん寒くない。外の空気はマイナス30度以下のはずだったんだけど、氷の下の水は凍ってないからあったかいんだよね。それで、水のなかで少し冷静になって考えてみたらさ、湖の岸辺にサバイバル小屋を造ってあったのを思い出したんだ。で、なるべく頭までは濡れないようにして、氷片の淵につかまりながら、厚めの氷のところを捜して這い上がって、小屋まで走っていって転がり込んだ。小屋のなかにコールマンストーブと薪ストーブがあったから、火がつくもの**ぜーんぶかき集めて、**火ぃつけて、体をあっためた。小さい小屋だから、あっという間にあったまった。よかった。**助かった！**

ひと心地ついて考えてみたらさ、スノーモービルがもったいねぇなぁ、っていう気がしてきた。サバイバル用の食糧とかガソリンとか、みんな積んであったしね。そこで、善は急げでさ、小屋のなかにあったロープをかついで現場に戻った。もう1度、水のなかに潜って、スノーモービルのスキーの部分にロープを絡ませて結わいた。水から上がると、大きな長い枯れ木を取ってきて、湖の底に刺してロープの端っこを結んだ。目印になるようにね。着ているものの外側はすぐに凍っちゃうけど、なかは大丈夫なんだ。羽毛とか、空気を通さないあたたかいやつが入ってるから、動いていれば、しばらくは大丈夫なんだ。で、その日は、小屋でひと晩かけて、濡れた物、ぜんぶ乾かした。

家に帰るのがまた、たいへんだった、うん。翌日、米が置いてあったから、たくさん飯を炊いておにぎりにして、ラッピングして、腰のまわりの下着の上に結わえ付けた。体温のそばじゃないと凍っちゃうからね。で、魔法瓶にしこたまお湯を入れた。それからバックパックを背負って、スノーシュー、木製のかんじきね、それをブーツにつけて歩き出したんだ。えっちらおっちらと。1日がかりだったなぁ。スノーモービルだったら、20、30マイル（36〜48キロ）なんて1時間ぐらいで走っちゃうけど、こうして重いかんじきで歩いてみると、気が遠くなるほど遠いよね、ハハハ。ほんと、いやになっちゃうくらいにね。

で、えっちらおっちら、やっとオレん家があるパークス・ハイウェイまでたどり着いた。自分の体から出る湯気が凍って、顔とか髭とかが、すべて凍りのかたまりだった。異様な風体だったんだろうねぇ。ヒッチハイクを試みたんだけど、だーれも停まってくれない。見ただけで、みんな逃げちゃうって感じ。近所の知り合いが運転する車が、けっこう通るんだけどね、オレだってわかんないから、**ワーッ**て逃げるように通り過ぎてく。しょうがないから、ハイウェイをてくてく歩きつづけたさ。クリアーのあたりって、どこまでたってもおんなじ景色でさ、ちっとも進んだ気がしないからね、ハイウェイを歩くほど馬鹿くさいことはないよ。で、ようやく家に帰ることができた。その翌日はひと休みして、次の日、ウインチから何から必要な道具を持って、もう1台のスノーモービルで湖まで戻ってさ、氷をぶち破って、沈んだスノーモービルをちゃんと引き上げてきたさ。

氷が割れて、**ドカーン**と落ちるような時期には、このへんのトラッパー（罠猟師）たちも忙しい。それに、誰だって、氷が割れるようなところに行きたくないしね。だから「手伝ってやりたいんだけど、おれも忙しいんだよなぁ」ってね、ハハハ。その気持ち、わかるんだな。氷が割れて落っこちて、濡れたくないのは誰も同じさ。まかり間違ったら、心臓発作を起こすからね。たいがい一人だね、こういった作業は。

怖いね、自然っていうのは……

若い人だってさ、冬に事故、起こすことあるさ。スノーモービルが壊れたり、川に落っこちて、手足の指が凍傷になって、動けなくなっちゃうなんてこと、よくあるよね。生き延びるためには、自分の指を関節から切り取っちゃった人もいる。それくらいならまだいいんだけど、人里離れた小さなキャビンで病気かなんかで死んじゃうわけだ。さぁ、そいつを発見したけども、運び出さなくちゃなんない。スノーモービルにくくって引きずって、小さい飛行機か車があるところまで、運ばなくちゃなんない。凍った死体は、丸太ん棒みたいに突っ張ってるから、手足がうまく入らない。やむなく切っちゃうこともあるらしいよ。そうでなきゃ、小さな飛行機に入んないからね。

そうね、スノーモービルが壊れたりすると、やむをえず歩いて帰ってこなくちゃならないけど、だいたい20マイル（約32キロ）あるかな。1日かかるね。手足が痛くなってきたりしたら、歩き切れないよ、うん。

真冬、スノーモービルに乗って罠掛けたり、獲物を取り込んだりやってるでしょ。**とーんでもない遠く**まで行くんだ。でさ、ここで機械が壊れて歩き始めたらどのくらいかかるかな、って考えるわけ。ま、1

日半か2日ぐらいはかかる。そのあいだ、持ちこたえられるかどうか。2日間歩きつづけることができるかどうか。自分の体のコンディションを考えてみるんだ。そのときさ、同時に昔の兵隊のことが重い浮かぶ。満州だ、中国だ、シベリアだって、ああいう寒いところへ送られた人たちの苦労がわかる気がするんだ。オレの親父は、シベリアに兵隊で送られたんだけど、戦争が終わっても2年ぐらい帰ってこなかった。

自然に対する恐れが出てくる。怖いね。トラップ・ラインから帰ってきて、冬が終わって、春になって、近所のバーで友だちに会って「オォ！　元気か」なんて言うときは、そんなことといっさい忘れちゃうんだけどさ。大自然の中に一人でいるとさ、おそらく2メートルもあるような大男でも、あの川の氷の上、湖の上に立ったら、きーっと恐ろしいはずだよ。**馴れというのは、いっさいない**。毎年、怖いと思い出すんだ。

「こいつは、オレの命の恩人なんだ」

ある冬、また川のなかに落っこちた。氷が一面、うすーく張ってるところだったから、歩いては割れて落っこちてって、何回も繰り返したあげく、びしょびしょになって、ようやく固い氷のところまでたどり着いた。そこで、バニーブーツを足から引っ張るようにして脱いで、靴下を取って絞って、またブーツ履いて歩き出した。ところが、体に近いところは、まだあたたかくて大丈夫だったんだけど、外側がバリバリ音を立てながら凍り始めたんだよね。

もう、夜10時過ぎだったかね。足が冷たくなって、筋肉が痛くなってきて、うまく歩けない。枝を折って、杖つきながら、足を引きずって歩き続けたんだけど、ついに動けなくなって、雪の上に座って、感覚のなくなった足をもんでたわけ。

そしたらさ、遠くのほうから、灯りが近づいてくるのが見えた。**あぁ、幻かな**って思ったな。そしたらさ、それが**だんだん、だーんだん**近づいてきて、その灯りがスノーモービルのヘッドライトだってわかった。夢じゃないかって思ったね。そいつがそばまで来たとき、思わず大っきな手袋の親指立てて、ヒッチハイクのサインをしたよ、ハハハ。近所の山んなかに住んでる若い友人だった。でも、相手は、オレだってわかるまで、少し時間がかかった。体中、つららだらけ、真っ白になっちゃってたからね。で、ようやく、オレだってわかったら、

「**おまえっ！** 何、こんなとこでやってるんだ？」って聞くから、

「川の氷が割れて、落っこったんだ」って言ったら、**びーっくり**してさ、スノーモービルに付けてたソリをはずして、オレを乗っけて、**U**ターンして家まで運んでくれたんだ。

そいつはね、オレの猟場のほうにも土地を持ってた。その土地に丸太小屋を造る予定で、材木とかをときどき運んでたんだ。で、なぜか、そのときは真夜中に、材料とかノコギリ持って、その土地に向かう途中だった。

オレね、「**なぜ、その日に限って、**おまえ、こんなところに来たんだ?」って聞いたんだよね。

「わかんねぇ。おれにも、わかんねぇけど、とにかく今夜行かなくちゃなんないって、そう思ったんだ」って、そいつは言ったさ。

ちょっと危険な状態だったけど、足はどうにか凍傷にならないですんだよ。零下20度ぐらいで寒かったけどね、空気が乾燥してたからよかった。雪もさらさら乾いてるしね。いちばんいけないのは、湿った空

気とか、雪と雨が混ざっている状態だね。これは、**もぉー、一発でやられちゃう**。みぞれ混じりっていうのは、体温を奪われちゃうんだ。10月、11月と、3月、4月がそういう状態。非常に怖いね。

まぁ、とにかく足が動かなくなっても、引きずってても、這いずってても、動いていれば、助かる。とにかく、**最後の最後まであきらめない！**っていう気持ちがあれば、助かるんだよ。だけど、そこから20マイル（約32キロ）近くあるからね、ひと晩中かかっても、家のあるハイウェイまで、出られるかどうかっていう感じだったからね。

それから数日経って、クリアー・スカイのバーで、オレがその話を仲間に軽くしたわけだ。

「たいしたことなくって、よかったな」って、みんな言った。

その後に（助けてくれた）あいつが来て、彼の口からみんな、話を詳しく聞いた。

「おれは、**あいつがもう死んでる**かと思ったよ……」ってね。

そんで、みんな、たいへんなことだってわかったらしい。そうでもなければさ、そんなこと、ニュースにすらなんないよ、ハハハ。彼には、本当に助けられたって感じだったね。

「こいつは、オレの命の恩人なんだ」って、いつもみんなに紹介しているんだ。

冷たすぎるアラスカの川

怖ろしいのはさ、アラスカの川や湖は、あまりにも水温が低いってことなんだよね。たとえば、オレがハンティングに行く東南部のコルドバなんかは、海岸線に沿って、とにかく、氷の山とかグレーシャー（氷河）があんまり多くて、水温が低い。そのへんでハンティングするハンターたちは、ものすごい早いボートに乗ってるわけ。だから、ジェットボートとか、エアーボートが、流木とか岩にぶつかったりすると、パーッとひっくり返るわけ。そうすると、陸の上だったら、ぜったいにカスリ傷も負わなくて助かるんだけど、岸が目の前にあってもさ、もう10メートルも泳げないでさ、そこで心臓麻痺起こして、手足がつっちゃって動けなくなって、**あーっ**と死んでっちゃうことが、けっこうあるわけ。

船に乗ってて、海に落っこちたら、まず助かんないっていう、それはもう常識だね。助かりたかったら、これ着てろっていう、セイフティ・ベストっていう、ヘンなのがあるんださ、そんなの着てたら仕事なんかできないわけ。

ここでは（アラスカの水のなかでは）、あっという間に、まず手足が動かなくなる。心臓が動いてても、たとえば泳ごうとすると、体温が逃げて、その代わり水が体のなかに入ってくるわけ。水が入って体温を失う時間が早いわけ。動くと、あっという間よ。だから、手が届くそこまで来ててもさ、助からない。怖ろしいよね。

あるとき、3、4年前（1990年前後?）かな、ベース・キャンプから、小型飛行機でスパイク・キャンプっていう、ちっちゃいキャンプに降ろしてもらって、そこでハンティングするんだけどさ、オレたち、毎年そこに行ってたわけ。そこにちっちゃい昔の小屋があるんだけど、なか開けてみるとさ、ま新しい食糧とかパンとか、箱詰めになってびっちりあるわけ。あれぇ、**こりゃ誰かいるなぁ**と思ったんだけどさ、とにかくボスの命令どおり、そこにキャンプ張ったんだよね。

2日経っても、その食糧の持ち主は帰ってこなかった。そしたら、そのうち飛行機が飛んできてさ、小屋のなかの物を引き上げにきた。引き上げるったって、人が誰もいないのに、「いったい、どこいったんだ? 誰のもんだよ、これ?」って聞いたらさ、「ここのお客のだよ」って。行方不明なんだって。どうしたって聞いたら、ガイドとゴムボートでハンティングに行って、ボートが流木かなんかに引っかかって、ひっくり返って、ガイドは助かったけど、お客は見つかってないんだって。それなんかだって、ガイドはパーンとボートがひっくり返った瞬間に、ま、いい位置にいたんだろうね。すぐ岸に這い上がった。で、ガイドは（お客に）ロープを投げたんだけど、つかむ元気もなかったらしい。**もう、沈んじゃった。それっきり。**もう水は氷河の水だから、濁っててなんにも見えない。

　で、その食糧引き上げにきたパイロットがさ、もしよかったら置いてくから食べてくんないかって。その人の私物とかキャンプの道具みたいなものは、みんな持ってったけど、食糧は置いてった。なんか、ちょっと気持ち悪かったよね、最初。で、いちおう何があるか見たらさ、とにかく缶詰でも、オレたちがぜったいに口にしないような高級な缶詰をさ、その人は買って持ってきていたわけ。それじゃあ、取り替えてもらおうって、オレたちの安い缶詰と取り替えっこだよ、ワハハ。その人が使ってたっていうスポンジのマットレス。「それもいらないから置いてくから」って。ああそうかって、今でも使ってるよ、ハハハハ。……若い人だったらしいねぇ、うん。それから1か月ちょっと経ってから、海岸に打ち上げられたけどね。

第7話
カヌーイスト
野田祐介さんとの会話

（1992年7月21日から数日間、カヌーイスト野田祐介さんが、イトーのクリアーの自宅に訪れた。その際の会話である）

猟銃用のライフルの手入れをするイトー

ガン・ケースを眺めながら

野田　これ……、ウィンチェスターですか？

イトー　そうです。ウィンチェスターの「トラッパー」ていうやつですね、440の。これだったら、グリズリーも撃退できますね。ピストルより正確ですからね。

野田　何発ぐらいあるんですか？

イトー　えぇ、これは、6発か7発入るでしょう。どういうもんなのか、ライフル持って歩くっていうのが、だいたいもうほかに、ほら、なんにも持たなきゃいいけど、バックパックとか、カメラとか、ありとあらゆるそういうものを持ってるから、ライフルは運びにくいんですよね、うん。

野田　これは（ガン・ケースに並んでいる、ライフルを指して）、みんなイトーさんのですか？

イトー　そうです。だいたい……。この、これとこれは友だちから預かってるんですけどね。これは375っていって、この2本が、わたしがふだん、ムースとかブラウンベアのハンティングに使うのと、同じ口径なんですよ。こっちがスペアですけどね。で、これが338で、これはだいたい、このあたりでブラックベア撃ったりするときね。で、これが300のマグナムですかね。これは、シープとか、ゴートとか、山の上のほうで、300メートルも離れたところから撃つやつですね。こっちも、やっぱりロング・ディスタンス（遠距離）。これはカリブー（トナカイ）なんか撃つ、丸切りのマグナムです。みんな商売用ですから。こんなに必要ないんですけどね。

ハンティングのわがままな客たち

イトー　アラスカの野鳥獣保護管理局「フィッシュ・アンド・ゲーム」っていうがありますよね、あそこのシステムは、**徹底的なんですよね。**

野田　ふーん。

イトー　毎年毎年、たとえばクマを撃つでしょ。そのクマはいつ何時何分に、どこで、誰が撃ったのか。頭の大きさとか、剥いだ毛皮の大きさがどのくらいとか、そういうの、ぜんぶ書かなくちゃダメなんです。

野田　で、それを怠ると罰則ですか？

イトー　ま、罰則っていうか、やっぱり何か問題があるんでしょうねぇ。ハンターはお客さんで、そのお客さんにクマを撃ってもらってお金を払ってもらうんだから、そういう特殊なコマーシャル・ライセンスっていうのは、取り上げられちゃう可能性はありますよね。無断で捕ったりしてたらね。
なかには、お客さんが「**あんなガイド!!**」って、ケンカになって怒っちゃってね、ハンティングから帰ってくるやいなや、その足で保護局に行って「これこれこーゆうガイドが、あそこで仕事してるけど、そいつはとんでもないギャングだから、捕まえてくれっ」ってね。

野田　ワハハハ……。

イトー　そういうお客さん、いますよぉ。

野田　せっかちなお客さんって、いるんでしょ？

イトー　いますよね。とくにアメリカの人は、わがままですからねぇ。

野田　あぁ、そうですか。

イトー　はぁ、とくにテキサスあたりから来る金持ちなんかが、ほら、自家用のジェット機で乗りつけてくるんですよ、コルドバへ。それから現地の交通機関で現場まで運んでもらって、キャンプに入って、そこで、でかいクマが出るとか出ないとかで、ごたごたもめて、ガイドとケンカになっちゃって、もうたいへんですよ。

野田　アメリカ人のガイドっていうのは、すごい、なんかプライドがあるんですよ。だから、お客さんにコケにされると、やっぱり自分も受けて立っちゃうんですよ。「なんだ、この野郎ッ！」なんてことになっちゃうんですよね。

イトー　オレも、そういう現場に2度ほど立ち合ったですけどね、**すごいですよぉぉ**。両方ともメシも食わなかった。怒っちゃって、アハハハハ。このハンターは、本当は紳士的な人じゃなくちゃいけない、歯医者さんなんですよ。それも、ただの歯医者じゃなくて、高級な、その、手術する歯医者さんね。その人が「ファック・ユー！」「シェット！」「マザー・ファッカー！」なんて、患者さんの前だったら、ぜったいに口に出せないような言葉、バンバン発しちゃってね、すごいんだよね。こっちは、びっくりしちゃったぁ。アハハハハ。

野田　イトーさんは、そういうことなかったんですか？

イトー　今のところラッキーで、ないねぇ。

同席者　なんで、そういうケンカになってしまうんですか？

イトー　その人はね、まず最初、ケンカになったのは、クマを撃ったんですよ。ブラウンベアを。ところが、これがもう暗くなる直前で、9月の半ば過ぎですからね。そんなときにクマが出て、撃ったんだけど、当たったか当たらないかわかんないまま、藪のなかへ逃げ込んだわけですよね。そのクマを、「おまえは、おれのガイドなんだから、藪んなかに行って、生きてるか死んでるか、見てこい！」って、こう言ったわけなんだ……、アハハハ。そうしたらガイドが怒って、「こんな、うす暗い藪のなかに入っていけるもんじゃない！」って、言い返したわけですよ。そしたらね、「あのクマを見失ったら、おまえは何十万ドルだかの損害賠償を払えっ！」って始まったわけですよ。そこで、あの「ゴッデム！」、「サナバ・ビッチ」って、怒鳴りあいが始まっちゃった。

その夜は、オレたちの組とキャンプが同じだったからね、オレらはもう夕飯すましてて、その二人には夕飯作って待っていたわけですよ。で、やっと帰ってきたんだけどね、そっぽ向いたっきり口もきかないから、どうしたんだ？って聞いたらね、ケンカしたんだっていうのがわかった。じつは、これこれこういうわけでって。それで、説得して、説得して、やっと説得して、メシ食わしたのが夜中の12時。やっとメシ食わせて、寝かして、朝の5時に叩き起こしたんだよね。さすが、もう疲れてるから、やっと起きて

きて、もうとにかく飯を食わせて、

「早く行かないと。日が昇ったら、クマの肉が腐っちゃうから、早く行け！」って、外に出してさ。そんで行ったらね、藪から150メートル入った所で死んでたって。だけど、そのクマは、調べてみたら、弾がレバーに当たってるんですよ。そ、つまり肝臓ね。だから、あの時点で藪に入ったら、まだクマは生きてたから、たいへんなことになってただろう、っていうわけですよ。それで、やっとまぁ、その人も納得してくれたんですけどね。

もう一件はね、ゴート（山ヤギ）ハンティングでね、険しい山に登って、上の方にいるゴートを撃つわけですよ。ガイドのほうが、もう先に疲れちゃった。だけど、ハンターのほうはものすごく元気が良くて、ハンターがタッタタッタッタッと先に行っちゃって、ガイドが置いてかれちゃったんですよ。ハンターは、もう山の上に行っちゃってるのに、ガイドはまだ半分も行ってなかった。で、やっとガイドが上に登ったら、もうハンターがどこに行ったのか、わからなかったんですよ。で、バンバン鉄砲を空に向かって撃ったんだけどね、応答がぜんぜんないし、もうあきらめてね、自分は降りて帰ってきちゃった。そしたら、ガイドがキャンプに帰ってきたのに、お客さんのハンターがいないんだよね。で、オレのボスが来て「どうしたんだ？」。そしたら、そのガイドが、

「とにかく、あいつは歩くのが早くて、置いていかれちゃったんだ」って。当のハンターはね、山の上で、その日のうちにゴートを撃ったんだけど、そのゴートが急斜面の反対側に落っこっちゃった。で、彼はゴートが落っこちた反対側の斜面に降りて、その山羊の皮を剝いで背中にしょって歩き出した。暗くなったら、途中で1泊して、で、次の日海岸に出て、ぐるーっと回り道して帰ってきたんだよね。

食糧とか何もかもガイドが持ってるから、ハンターは持ってなかった。で、ひと晩何も食わないでやっ

てたから、もぉー、鉄砲はどこに置いたかわからない、荷物はどこに置いたかわからない、もう、本当に危うく死ぬ直前で、キャンプにようやくたどり着いたわけ。

で、オレが、おまえね、いったいどこのルートから、どうやって帰ってきたんだって聞いたらさ、海岸線に沿って歩いてきたっていうから、オレが3輪バギーに乗って、やっと鉄砲と毛皮を捜して、持ち帰ってきてやったんだ。その海岸線っていうルートは、ブラウンベアがうろうろしているところだから、まかり間違ったら、エライことになってたんだよね。

そんだから、そのあと、そのハンターと、勝手に帰ってきちゃったガイドを、なるべく顔を合わせないようにしたんだけどぉ、次の日、ハンターが元気を取り戻すやいなや、そのガイドのところに押しかけたわけだ。で、そこで何があったのか知らないけれど、おそらく大ゲンカあったんだと思うよねぇ、ハハハ。とにかく、オレたちゃあ、この二人を引き離すのに精いっぱいで……。それが2回ほどあったねぇ。

野田　一人のガイドが、一人のハンターを連れて、ずーっと行くことはないんですか？

イトー　そうですよ、1対1。だから、どんなことがあっても、お客さんから、**ぜったい**離れちゃいけないんですよ。

野田　ふーん。

イトー　何があっても。とにかく、山の上でお客さんに置いてかれちゃっても、そこで待たなくちゃいけないんですよ、ぜったいに。

野田　金持ち階級には、わがままなのも多いですしねぇ。

イトー　そうですね、すごいの来ますよ、テキサスあたりから。テキサス、アーカンソー、オクラホマ……。あのへんからくる金持ちのハンターっていうのはね、**もぉー、わがままで。**

野田　人種差別ひどいんでしょ、あそこは。

イトー　うん、うんっ。あーいうのはね、オレ、最初、カッときたけどね。オレのボスが、オレのことお客さんにね

「これは日本人だけど、アラスカに長いこと住んでて、罠掛けたり、アラスカのことよく知ってて詳しいから、うちのベスト・ガイドだから、あんたにガイドとしてつける」って、こう紹介したわけですよ。この人はテキサスから。で、オレを見てね、

「I don't think so（そうは思わないね）」（みんな笑）

「おまえ、日本人だろ。日本で生まれたんだろ。いつ、アラスカに来たんだ？」

「1973年」

「オー、ノー。ノー・サンキュー。おれは、アラスカで生まれたガイドが欲しいんだ」。

ホホホホー、はっきりそう言ったんだねぇ。でも残念ながら、そのとき、そこには「アラスカで生まれたガイド」っていうのはいなかったんだ、ハハハ。そんで、誰もいなかったから、しょーがない、不承不承、オレについてきたわけ。じつはオレね、そのへん、自分の手の平みたいに詳しく知ってるんだな。で、ここは、あーだこーだ、あーだこーだって能書きたれて、いちばーんわかりずらいトレイルとか、わりぃとこ、わりぃとこ、連れまわしてね、ハハハ。そしたら、ま、こいつでいいだろうって感じで納得してくれたけどね、ハッハッハ。

ハンティング・キャンプも終わりのころね、その人、ちょっと問題を起こしたんですよ。天気がものすごく悪くなってね、それこそ山も海もぜんぜん見えなくて、ほんで霧に巻かれちゃって、どっちが北で、どっちが南か、完全にわかんなくなっちゃった。でもオレは、だいたい勘で、あ、こっちだなってわかっ

てたわけ。ところが、そのハンターが言うには、「キャンプは、そっちじゃなくて、あっちだ」。だからオレね、「じゃぁね、オレはそっちだと思うから、そっちへ行くけど、あんたはあっちへ行きな。キャンプで会おう」って言ったらさ、「オ、オー、オーライ、オーライ」。ハハ、で、オレについてきたけどね、ハハハハ。そんな感じでね、最後までひねくれてるお客さん、いるんだな。

ムースに、375口径を4発。そしたら……

野田　ハンターとガイドは、1対1でキャンプしてるんですか?

イトー　えぇ、そーですよ。ムースなんかの場合、ドーンと撃つでしょ。そうすると、ベース・キャンプから若い人を寄こしてきますけどね。肉を運ぶから、多いときは、2、3人ね。

野田　じゃぁ、いつも連絡しあって……。

イトー　えぇ、天気がよければ飛行機が、毎日、朝晩、飛んでるから、無線でしゃべってね。えぇ、スーパーカブっていう、ちっちゃい飛行機です。食糧がいるとか、ビールがいるとか、ウィスキーがいるとか、タバコが切れたとか、弾が切れたとか、そういうことをしょっちゅうやるわけですよ。そいつがギューンって空中滑降みたいに飛んできてね、ビールでも、タバコでも、トイレットペーパーでも、ビニールの袋に入れて、テープで巻いてね、落っことしてくれるんですよ、キャンプの近くに。

イトーのガイドで射止めた獲物と記念撮影をするハンターたち（本文で語られているハンターとは関係ありません）。

あるハンターがね、このオヤジはタバコが欠かせなくてね、もちろんいつも吸ってるやつね、そのほかに、パンも指定した銘柄しか食べない。

「こういうパンを、キャンプに入れてくれ」ってね。

だから、そのパンが切れると、パイロットは、わざわざ20分ぐらい飛んで、コルドバの店まで買いにいってたよ。ま、天気がいいうちは、そういうことができるんだけどね。天気が悪くなると、そうはいかない。ひどいときは、1週間ぐらいぶっ続けで（飛行機が）飛べないことがあるんですよ。**これは、エライことですよ。**

ほんでね、キャンプに入ったその日に、このオヤジ、タンカきったんだよね。

「おれはな、シカ撃ちに行っても、エルク（北米に生息する大シカ）を撃ちに行っても、いつも最初に1日目で射止めてきた。アラスカに来たのは初めてだけど、ここでも、おれはそうしたいんだ」とかね。

「おまえ、もし、おれに、初日にでっかいムース（ヘラジカ）を捕らしてくれたら、おまえのジャケットやズボンのありとあらゆるポケットに、金をいっぱい突っ込んでやるぞ」ってね、**ハッハッハ**。こりゃぁ、ひどいお客が来たなって思ったけどさ、エッヘッヘッヘ。でね、オレは、

「オー、オッケイ。グッドラックだったら、メイビー、そういうこともあるんだろうけど。雲行きが怪しいから、明日は、天気がどうなるかわかんないよ」って言ってさ。まぁ、そのときは気楽にいたわけ。

初日って言ってもね、スパーカブっていうちっちゃい飛行機で現地に入るんだけど、着いたその日は、ハンティングができないって規則があるんですよ。で、その日は、半日そのへんでぶらぶらして、海岸で貝掘ったりして遊んでたんだよね。ところがさぁ、夜中に、なんか音がおかしいなーと思ったら、風がビービービービー吹き出して、もう朝になったら立ってらんないくらい。ものすごい風と雨が、それから

7日間ぶっ通しだったわけ。7日間！ オレはね、どんな天気でも、毎日、外に偵察に出ていって、薪《たきぎ》を伐って、っていうか短い灌木をちょん切って、2パックぐらいバックパックに入れて、少しずつ運んでっていう日課は続けてたんだよね。

でも、あのオヤジはさ、ちっちゃいキャビンのなかでさ、じーっと座って、**ベターッ**って小窓から雨降ってる外を見ながら、噛みタバコ、これ、ずっとやってたわけですよ。で、それがなくなっちゃうと、だんだん、おくしくなって……。タバコが切れて3日目ぐらいになったらさ、おかしーな顔してるんだよね。目が座っちゃってるんだよね。

「この様子じゃ、まだ飛行機は来ねーかなぁ」って言うから、「ちょっと無理だなぁ」って言ったんだよね。「そうかぁぁ……」。もう、今にも死ぬようなさ。まったく、この人、タバコがなかったら、なんにもできないんだな。

野田　そうですよね、ハハ。

イトー　このオヤジさ、ものすごかった。噛みタバコを両頬に入れてるからね、ほっぺたがこうふくらんでて、で、さらにタバコをブンブンブンブン吸ってるもんだから、どんどんどんなくなってきて、ついに、ぜんぶなくなっちゃった。で、いつになってもタバコも何も来ないからね、その人、煙になりそうな、ありとあらゆるもの吸い始めた。で、最後に『プレイボーイ』の、ごわごわの紙を破いて、何すんのかなと思ったらさ、その紙で粗挽きのコーヒーの粉を入れて吸った……。**ひっくり返っちゃったよ**（一同笑）。半日、真っ青になってたね。オレさ、ぜったいこれは、**ぜったいこいつは、もうダメだな**と思ったけど、ま、夕方になって元気になったね。

野田　あの『プレーボーイ』の紙は（質が）いいから、毒ガス出るんですよね（笑）。アート紙だからね

（笑）。

イトー　結局、このオヤジは、最初1週間の予定を3日延ばして、もちろんお金払ってね、たとえば延長料金3000ドルぐらいのところを1500ドルぐらいにマケさせて、ま、最後にはいいムース捕ったね。だけど、面白くない捕り方したわけ、おたがい。オレも頭に来てたんだな。7日間も嵐で閉じ込められてたからさ。

エアーボートっていうのがあるでしょ、ボートに小型飛行機のエンジンがついたやつ。フロリダのスワンプかなんかで使ってる、**ギャーーーーッ**ていうプロペラがついたうるさいやつ。嵐が通り過ぎて、やっと天気がよくなってからね、あれで、どーんどん川の上走って、あるところで待ってたら、飛行機がガーーッとムースを探してきて、近くの湖に降りた。で、パイロットがオレに、「この湖の、あそことあそことそっちのほうに、ムースがいたけど、いちばんでかいのは、これだな」って、地図を書いて教えてくれた。

じゃ、そこへ行くのはどうしたらいいかって、エアーボートだったら、こうやって回り道すれば行けるんじゃないかって、また地図書いてもらって、それでオレたち、エアーボートにまた飛び乗って、いざ目的地へ向ってね、**ダーーーッ**といったわけです。

そのうち、さっき飛んでいった飛行機が、そうね、ムースがいたっていうところから500メートルくらい離れた地点に、ペーパータオルを上から落っことした。あぁ、あそこだなって感じで、そこまでエアーボートで行って、そこに船を停めて歩き出した。そのハンターはさ、ようやく届いた、新しい紙タバコの袋を一緒に持ってきてた。こーんなでかい袋をね、開けたんだ。ハンティングやるには、タバコは厳禁なのにさ、煙が出るから、すぐ動物に嗅ぎつかれて逃げられちゃう。煙が出るものは、獲物を追ってるときは、ぜったいに吸わせないんだけどさ。そのオヤジ、「ここだったら、いいか？」って言うから、ま、吸わせたんだけどさ、５００メートル進むあいだに、ぜーんぶこぼしちゃった。泥沼に足突っ込んじゃって、ハッハッハッ。

そんで、ついに藪んなかで昼寝してるムースを見つけたわけ。

「オレが今、ムースを起こして藪の外に呼び出すから、あんたは、いつでも撃てるようにしといてくれ」って、ハンターに言った。

オレは、大きめの入れ物に湖の水を汲んで、ダーーーッて音を出した。これは、メスのムースが小便をするときの音なんです。と、寝ていたオスは、その音を聞いて飛び出してきた。**ダダダダーーー**って水流したら、**バーッ**て飛び出してきた。オレたちから、もう20メートルぐらいしか離れていなかったんだよね。オレが「**撃て、撃てっ！**」って言ってもね、ハンターはライフルのスコープの倍率上げてたからね、あんまり近すぎて、どこにムースがいるんだかわからない。バーンっと、とにかく撃ったら、どこに当たったかわかんないけど、とにかくムースに当たった。

すると、ムースがこっちに歩き出した。こりゃ、こっちが逃げなきゃいけないなぁと思いながら、オレは自分の３７５（口径）のライフルで4発、ぜんぶ撃っちゃった。**ドン、ドン、ドン、ドーンッ！**って、4発ぜんぶ撃った。ムースがひっくり返っても、まだ、オレ、撃ち続けてたわけ。ハンターのお客さんっていうのは、ま、トロフィー級のでっかい角を持って帰るのが、まず目的だけど、ムースの肉もお土産に持って帰りたかったんだな。でも、あのでかいライフルで撃っちゃたから、肉がダメになっちゃった。そのときは、オヤジ、そうとう頭にきてね、

「本当だったら、おまえのポケットというポケットをドル札で埋めてやるとこだったんだけど、ああい

うことされちゃうと、そういうわけにもいかないなぁ」ってこぼしたけどさ、それでもね、帰るときに300ドルのチップくれた。ハハハ……笑っちゃったよ。

アラスカの人間ばなれした人たち

野田　肉なんて、あるていど自給できるんでしょうかねぇ、アラスカの野生動物で？

イトー　うーん、そうですねぇ。よーほどの、やはりね、よほど徹底した人じゃないと、自給自足では食べらないんですけど、それ、やってる人いるんですよね。山んなかに住んでて、ほとんど町に出てこない人、いるんですよ。

たとえば、東南アラスカのコルドバね。よその州から来て、あぁ、いいとこだなぁ、住みてぇなぁっと思ったら、石器時代に戻らなくちゃダメなんですよ、ハハハ。コルドバに一人、すごい人、住んでたんですよ。石器時代の生活を、そのままやってた。**石器だけ**、チェーンソーとか、斧とか、銃とかいっさい使わないで、**ぜんぶ石器でやってたんですよ**。

コルドバとかあのあたりは、海のものは、ありとあらゆるものありますからね。もう、欲しかったら、カニから貝からコンブから、ハリバット（オヒョウ）からサーモンから、いろいろ。で、この人はずーっと、シアトルからカナダの海岸線を通って、弟と一緒にどこに上陸しようかって、調べながら旅してきたらしい。北へ北へって、上ってきて。で、コルドバにたどり着いて、**これだっ!**って、そこに決めたそうですよ。コルドバは湿気は多いけど、わたしが住んでるクリアーみたいに、気温がマイナス40度、50度にならないですから、なんとか暮らしていけるんですよ。

野田　十数年そうやって暮らしたんですか？

イトー　そうですね、十何年って言ってたスかね、あの人、あの先生、見ただけでね、映画の『ランボー』なんて、ちゃんちゃらおかしくなったですよ。はぁ、あーまりにすーさましいんで、うん。

野田　いっさい道具は使わなかったんですか？

イトー　**いーっさい**。

野田　はーはっはっ（静かに笑う）。

イトー　とにかく、文明の利器は、いっさいなしだったですね。よーく、それで十数年がんばったなと思ってね。ま、あそこは、いっぱいね、インディアンが使った昔の石器が出るんです。そういういい石がいっぱいあるんですよ。斧にしたり、矢尻にしたりするね。それを彼は、あるていど知ってたんでしょうね。歴史かなんか勉強してね。

とにかくねぇ、**人間ばなれ**してたんだよね、**すごい！　なんだあれっ!?**って。人間とは思えなかった、最初会ったとき。藪からいきなり出てきた！　最初はね、話さなかった。オレらね、その時、空港に向かってね、運転してたんですよ。空港でオレのボスが待ってるんで、行かなきゃなんなかったんで、停まるチャンスなかったんだけど、とにかく藪からね、でっかいリュックサック背負って、ヌーッて出てきたんだよね。パッと見てね、**わぁああっ、なんだっ、ありゃーっ!?**って、オレの助手も見たわけですよ。「ワーーーォ！　見たか、おまえ？」「いやぁ、見たっ！」「何だ、あれ？」、ハッハッハ。

人間とは思えない。すーーんごい。とにかくね、色がぜんぶ一緒。最初見たときね、ものすごいっ。顔は白人なんだけど、この色（鉄のフライパンを差し示し、カチャチャと軽く叩く）。住んでるとこは、ちっちゃい丸太小屋で、ど真ん中に、穴掘った囲炉裏があって、そこでオープンファイアーで、いつも料理したり、なんかやってるわけですよ、火焚いて。その煤で、着てる物も顔の色も、**ぜんぶ同じ色**、上から下まで。**迫力あったですよ**。光ってた、ハーハッハッハッ。

野田　あっはっはっは。着てる物は、ふつうのを着てるんですか？

イトー　着てる物はね、ふつう。これは、コルドバの町の人が、彼にくれるらしいんだよね。

ほんで、その後、彼とは、何度か話すチャンスあった。この人はね、そのぉ、ときどき町にやってきて、なんか買うんだか、もらうんですよね。で、こう、大きな石油カンみたいのを背負ってて、水みたいなものが入ってるんですよ。何買ったか知らないけど、ポター、ポターッて漏ってるんだよね、その缶から。「漏ってるよ」って言ったらね、「I know（知ってるよ）」、それで「だけど、おれの歩く速度と、おれが住んでる距離を考えれば、このていどの漏れならいいんだよ」って、ちゃんと説明してくれてね、で、

「おまえね、どっから来たんだ」っていうから

「日本から来て、アラスカに住んでるんだ」っていったら、へぇって、びっくりしてましたけどね。

「おれ、日本に行ったことはない」って、言ってましたよ。すごいですよ、この人は、大学院卒ぐらいの学歴持ってるんですよ。

その石器時代の人は、町の人がどう思っていようが、そんなことおかまいなし。ここが、いちばん気に入ったからって、そこに住んだわけ。で、コルドバの人は何度も彼に手助けしようとした。ところが、彼はそれがおもしろくない。自分は、何のためにコルドバのここに住んでいるかっていうと、その、まったくの石器時代の生活を満喫したいからだって、逆にクレームしたんだよね。いっさい、手助けなんかいらないって、冗談じゃないって。ほんでね、とにかくね、チェーンソーもないでしょ。だから、薪を切るにも、海岸へ出て、海岸に流れ着いた木を、自分が作った縄みたいなのに引っ掛けて、転がして引っ張って

くるんですよ。波が来ないところまで。ほんで、石の斧で、石器ですからねぇ、それをこう砕いて蒔を作るんですよ。ある時、ものすごいでかい木が流れ着いたのを引っ張って動かしてるのを、誰か見てたんだよね。1日で数十メートルしか動かせられない。そこで若い人が見るに見かねて、4駆のトラック持っていって引っ張ってね、海岸まで揚げてやったんだって。そしたら、次の日戻してあったって、ちゃんと、もとのところまで。そのぐらい、徹底してるんだよね。

野田　フッフフ……。

イトー　とにかくね、1年のうちに半年以上、フレッシュなシャケ（鮭）をバンバン捕ってるでしょ、だからすごいですよ、クマ並み。もう顔なんかね、煤と油と、このへんにね、ヤニかなんかこびりついてね、もうぅぅ……、すごい！　鼻から毛がボワッて出てるしね、へへへへへ。アメリカ人っていうのは、毛深いでしょ。それを十数年たくわえてるんですからねぇ、すごいですよ。高校時代から体育会で体を鍛えて、で、自分はもう、あらゆる困難な目に遭っても、いっさい、そのぉ、くじけない！と、自信を持ってきたんですよねぇ。

ま、かわいそうなことに、去年（1991年くらい？）自殺しちゃった。10年以上、そこで生活してたけど、とうとう最後、まとまんなくなっちゃったんだねぇ。新聞で知った。この人は、毎朝毎晩、海岸をジョギングしてたんですよ。そのぐらい体を鍛えてる。とにかく、徹底してきついこと、きついこと、どんどんやるわけです。そのジョギングする海岸を、町の人も数人ジョギングする。知り合いもできた。ところが、ぜんぜんジョギングに出てこないから、おかしいな、おかしいなぁって、1か月ぐらい経った後、勇気のある人が、その人の小屋を覗きに行ってみたわけですよ。真っ暗で、なーんにも見えない。窓ないんですから。この人恐ろしくなってね、走って帰ったらしいですよ。で、警察に行って、じつは、これこれこういうわけで、なんか様子がおかしいからって。

次の日、警察が行って見てみたら、その人は、ちゃーんと自分のベッドに入って、そのぉ、乱れないように、脚をなんかで縛ったりして、なんだったかなぁ、喉かなんか、石器かなんかでかっさばいたか、突いたかなんかで、死んでたんですよ。日記も何も、ぜんぶ燃やしちゃって、なんにもなかったって。あらゆる痕跡を残さないで。みーーーんな、楽しみにしてたんですよ。この人が十数年経ったあと、社会に戻って何を書くか、たのーしみにしてた。ところが、それが、いっさいがっさい、記録は煙になって消えちゃったのね。

野田　惜しかったですねぇ。

イトー　とにかく、人間ばなれした人だったですよ。わたしもかなり、結婚するまでは、ちょっと、人間ばなれしてたんだけど、やっぱダメだねぇ、俗になっちゃうね、結婚しちゃうと（笑）。

野田　しかし、一人でいると、おかしい人は、どこまでもおかしくなりますねぇ（みんな笑）。

＊編者注　ここで語られている人物は、『Into the Wild』（邦訳：ジョン・クラカワー著『荒野へ』集英社刊。同題で映画化もされた）で紹介されている、ジーン・ロッセリーニという人物だと思われます。同書には以下のように書かれています。シアトル大学で学んだ後、コルドバの森に住みつき、「われわれの祖先が生きてきたように（……）天然の素材から自らの手で作ったもっとも素朴な道具以外のものを、ことごとく生活から一掃した」（107頁）。この生活を10年以上にわたって続けたが、1991年11月、心臓にナイフを突き立て死亡しているが発見された。遺書はなかった。

とんでもないのがいるんだよねぇ、アラスカには

イトー　この石器時代の人が、まだ生きてるときなんですけどね、もう一人、変わった人に会ったんですよ。

　オレら、コルドバからスーパーカブっていう小型飛行機でね、ハンティングのベース・キャンプがある、カターラっていうところに行ってたんですよ。海岸の砂浜の滑走路に、飛行機が何機かダーッと並んでた。ものすごい静かな朝で、飛行機のそばまで、食糧とか銃とかテントとか、そういうものをぜんぶ持ってって並べて、で、さーて、どれから積むかなって、ボスの指令を待ってたんですよ。で、まだ時間があるから、ま、コーヒーでも一杯飲んで相談しようってことになって、いったんキャンプに戻ったわけ。したら、そのうち、若い衆が、ぎゃあぎゃあ外で騒ぎだした。何があったんだって、そしたらね、「とんでもない、人間だか、サルだかわかんないのが、海岸へ出てきてね、積み上げた食糧をね、めちゃくちゃにして、なんか食ってる」って言うんだよね。

　そんで、**クマじゃないか**と思ったわけ、オレら鉄砲持ってね。クマなら、ほら、出てきて人間の食糧食べるから。で、ライフル持ってね、ガチャーンと弾入れて、いつでも撃てるようにして、飛んでったわけ。

　そしたら、**人間だった**。ボッサボサで、真っ黒け。まったく、どっから来たかわかんない。カターラっていうとこは、陸の孤島なわけ。道なんかない。海岸のどっかから上がってきたんだろうけど、その時、そいつが手にしてたのは、チーズのこんなでかいのあるでしょ、2パウンド（約1キロ）ぐらいの固まり。あれの包装を剝がして持ちながら、マヨネーズのどでかい瓶を開けて、チーズのそれをマヨネーズにつけて、ぐっちゃぐちゃぐーっちゃぐっちゃ、食ってるの。人なんか来たって、ぜんぜん眼中ない。ライフル突きつけてもね、ぜんぜん関係ない。黙々とそれを食うだけ。ほいで、とにかく落ち着くのを待って、わたしのボスが聞いたの。

「おまえ、どっから来たの？」

「コルドバから来たんだ」

「いつコルドバを出たんだ？」

「1週間前、カヤックで」。あの、シー・カヤックていうの、あるでしょ。あれでコルドバ出て、

「ここへ来ようと思ったんだけど、とにかく天気が悪かったり、ひっくり返ったり、とんでもない目に遭って、食糧なくしちゃった。メリケン粉は持ってたから、粉だけを水で練って食べながら、やっとここまでたどり着いた。腹が減ってて疲れてて、おれは、とにかく今、しゃべるのも億劫なんだ」って、バンバン食ってる。

オレのボスが、おまえね、そんな一気に食ったら体に毒だから、とにかく落ち着け、落ち着けって。オレたちは、おまえを殴ったり蹴っ飛ばしたりしないから、今夜ここに泊まってゆっくりして、それから好きなようにしてくれって。ほんで、その日は、キャンプ入ってきて、キャンデーとかいろいろ食べて、シャワーまで浴びて、ほいで寝て、次の日の朝、起きて、

「なんか、おれにできる仕事ねぇか？」ってこう聞いたんですよ。

「食い物もらったから、お返しになんかしたい」って。

「何ができる？」って聞いたらね、そのぉ
「斧をシャープにすることはできる、習ったことはないけど、やったことはある」。

で、わたしのボスが2、3本持ってきて
「じゃぁ、これシャープにしてくれ」って言ったらね、それをきれいにして、切れるようにしたら「ありがとよ」ってね、出て行くんだよね。で、わたしのボスがね、

「なんか欲しいもんねえか」って聞いたらね、「ない」って。

「カヤックってちっちゃいもんだから、余分なもの持てないから」って、すでに、自分のポケットとかに、キャンデーやチョコレート詰め込んで持ってるんですよ。

「こんだけあれば、大丈夫だ」って、ハハハ。ほんでね、シー・カヤックに乗って、パーッと出てったんだよね、河口から。

それっきり……、音信不通。どこ行ったか、ぜんぜん皆目、見当つかない。で、この先のヤクタートとか、ジュノーとかの方まで、誰に聞いても、そういう人が立ち寄った形跡がない。どこ行っちゃったか、わかんない。コルドバに戻った様子もない。**とんでもないのがいるんだよねぇ、アラスカには。**

オレの自慢料理は、捕りたてムースの鼻の酢漬け

イトー　（フライパンでジュウジュウ音を立てて、料理をしながら）これが……、カリブー（トナカイ）で、こっちがムース（ヘラジカ）で、ま、ちょっと色が違うかなって感じで、ほとんどわかんないですね。これがムースの心臓で、これ、ムースの肉を乾かしたやつで、あんまりうまくない。これは、チャム・サーモン（別名、ドック・サーモン）のスモークです。ちょっと、食べてみましょう。……ビール、ビール。
これ、やっぱり、からしの皿がいるなぁ、ちっちゃいやつ、小皿。
野田　（食べながら）これ、燻製ですか？
イトー　えぇ、心臓と、酢と、いろんなスパイスを混ぜて漬け込んだんです。胡麻……（調理を続ける）。
野田　じつに、いい味わいだなぁ、うぅん……。
イトー　ムースの心臓って、このぐらいあるんですよね（バレーボール大に両手を広げる）。それを、**ズバ**

ズバーって切って、ステーキにして食べてもらまいですね。

野田　こーのくらいあるんですか？（驚いた声で、バレーボール大に両手を広げる）。

イトー　ありますね。

野田　血抜きなんか、どうするんですか、血抜きは？

イトー　えぇ、これはねぇ、もう、**ドーン**と撃った時点で、まずあのぅ、記念写真撮ってから、そのすぐ後に胴体開いて、血抜きやって、ほいで、4つの脚をぜんぶ取って、ひと晩、木に掛けておくんです。心臓なんかの場合もひと晩、まだ、体温があるうちにパックすると痛むし、味が変わっちゃうんですよ。だから、やっぱり木にぶら下げて、ひと晩おいて血を抜いて、完全に冷やして、それから、プラスチックに包んでパックして、そんで、運ぶんですよね。どんーな肉でもね、ちょっとでも体温が残ったままパックして持ってくると、やっぱりね、1時間ぐらいのあいだに色が変わっちゃいますね。

野田　そうやって血抜きしてるときに、クマが来る確率っていうのは、かなりあるんですか？

イトー　そうですねぇ、かなりあのへんのクマっていうのは、慣れたクマがいて、たとえば鉄砲の音が、ドーーーンッとするでしょ。そのドーーーーンッていう音が、「**ディナー！**」って聞こえるんですよ。

野田　フフフ…。

イトー　で、鉄砲の音がどっちにしたかって、彼らよく知ってて、ムースを捕って、木にぶら下げて、次の日の朝一番で肉を運ぼうと思って行ったら、**肉がぜんぜんないっ！**ってこと、しょっちゅうありますね。完全に肉が落とされて、そのまわりの土とか泥を山にかけて、もぉー、とにかく、泥だらけで、で、彼らは犬と同じで、小便をひっかける。だから、ほとんど食べらんない状態になっちゃうんですよ。

クマの肉を細かく切って、自慢のカレーを作る。こわごわと見ているのは、イトーの長女の七絵（３歳頃）。

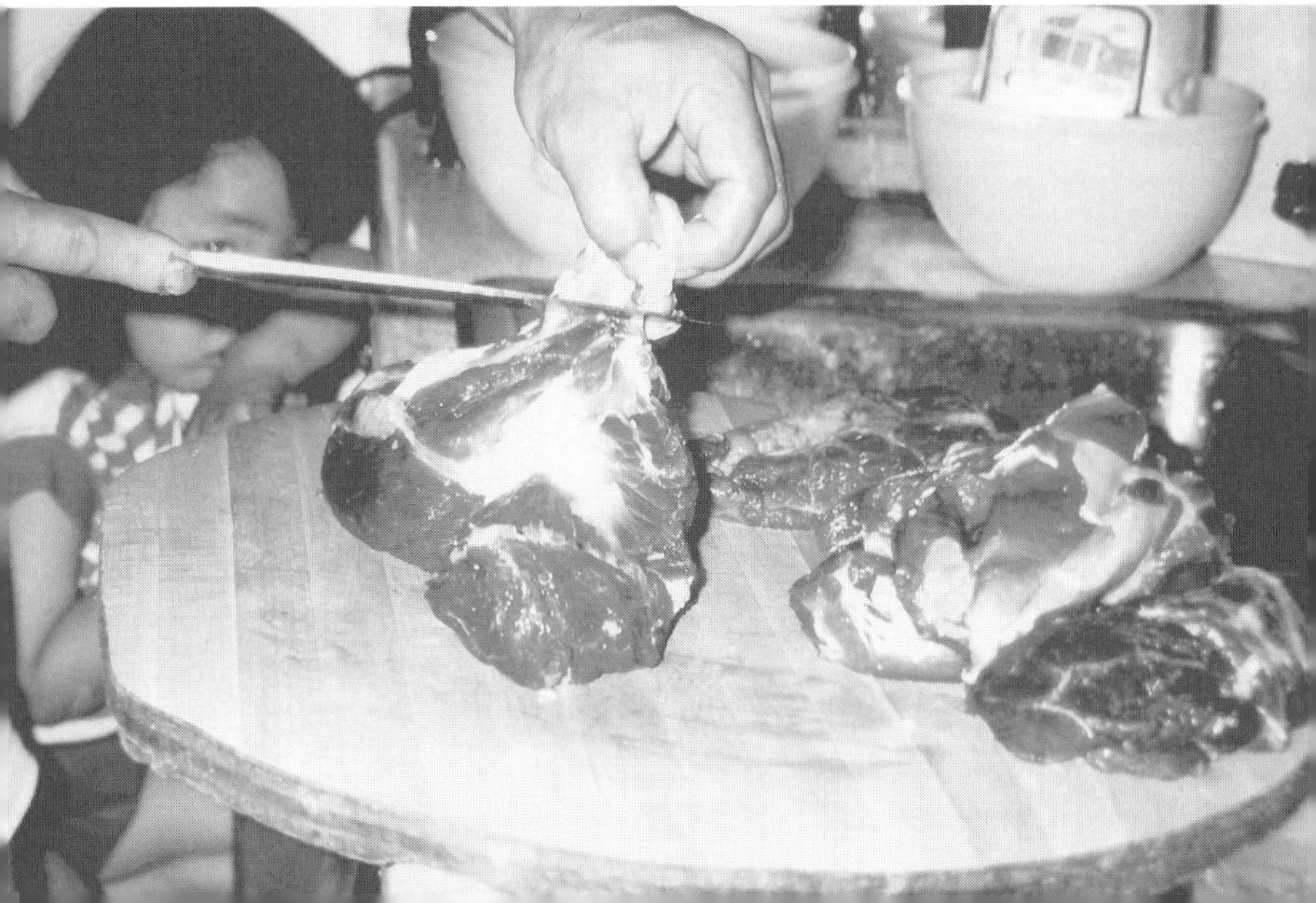

イトー （ムースのステーキをみんなで食べながら）ムースのドーンと撃ったやつを、そのぉ、背中のなかに、このぐらい太い肉の塊がついてるんですよ。ニワトリのササミみたいに、ふた筋ついてる。それを、壊さないように剝がして、馬刺しじゃないけど、ムース刺しにしたり、ステーキにしたりして食べると、これはもぉー、**こたえらんない**。

野田 ふん、ふん。

イトー 一発ドーンと撃つと、だいたいハンターの人とオレと、パックする人（雑役係）の3人で、4日間ぐらい、毎日食べられる、ステーキで。そのぐらい、でかいんですよ。こーんなにあるんですよね（両腕を広げる）。3食食べます、それ。朝、昼、晩。

野田 なんていうんですか、これ？

イトー テンダーロインって、言うんじゃないですか。中の肉がテンダーロインで、外の背中の肉が、バック……って言うんですよ。これは、Tボーン・ステーキとか、なんとか言うやつね。

ハンターの人がムースを捕ったら、ガイドに、なんていうか「ご苦労さんでした」っていう意味でね、アメリカの人はくれるんですよ。（ジュージューと何か調理しながら）それをガイドの人がもらって食べる。で、まず、そのステーキと、**舌ね**、**タン**、これがまたうまい。これを、ぐつぐつ、そうですねぇ、鍋で数時間、皮が**パーッ**と剝けるまで煮て、で、その皮を**ビーーッ**と熱いうちに剝いて、こう、細かくスライスして、ニンニクとか　タマネギで炒めるんですよね。ジャー、パーッと。それを肴にいっぱいやるんですよ。**こたえらんないです、これは**。

アメリカの人は、心臓とか、舌べろとか、内臓は嫌だって食べないんですよ。で、オレがこうやって作ってやるでしょ。そうすると、もう、目の色変えて食べてます。舌べろなんか、あっという間になくなっちゃう。ま、ああいうキャンプっていうのは、雰囲気がいいんですよね。テントで暮らしてて、ムースを捕って、いい気持ちになって、ほいで、そういうもの食べるから、またうまいんですよね。

野生動物のなかで、いちばんおいしいのは、シープですね。ドール・シープ。

野田　あぁ、そうなんですか。

イトー　あれは、もう最高ですね。

野田　（食べながら）うーーん、いい肉だね。

イトー　（これは）カリブーだからね、クセがないんですよ。これがムースだとね、抵抗があるんですよ。インディアンの人は、これ、何にも捨てないもんね。皮から内臓から何から、ぜんぶ。

野田　ムースの鼻は、どうやったら、いちばんうまいですか？

イトー　ムースの鼻もね、やっぱりバレーボールぐらいの大きさがあるからねぇ、まず鼻を骨から削り取って、毛が生えてるから、その毛をアセチレンのバーナーで、毛根まで焼いちゃうんですよ。**バーーーーッ、ブアーーーーーーッ**て、ぜんぶ毛を焼き切ったら、こう、ブラシできれーーいにして、今度それを、そのぉ、棒みたいに切り分けて、それを酢と、ペコスパイス（ピクルス用香辛料）っていう、いろーーんなの入った香辛料があるんですよ。それでもって漬け込むんですよ。で、その味は、辛くしたり甘くしたり、ものすごい唐辛子入れたり、その、個人の好みで、だから、いろーんな味があるんですよね。で、コーン（トウモロコシの缶詰）を一緒に入れたり、だから、その人のスタイルで、いろんなの、ありますからね。とにかくね、これはぁ、なんていうんですかね、やっぱり、**アラスカの美味！**ですね。

野田　うーん……。

野田知佑「伝説のハンターは、日本人だった」

車で二時間の所にあるネナナという人口四〇〇人くらいの小さな町に行った。ここに住む、伊藤精一という人に会いたかったのだ。

伊藤さんはアラスカに住む唯一の日本人の「ワナ猟師」であり、プロのハンティング・ガイドである。五二歳。

東京出身で、二〇年前にアラスカに移住した。奥さんと二人の娘がいる。

地下室を持つ高床式の家の中は四つの部屋があり、居間のガラスのケースには一〇挺《ちょう》ほどのライフルが並んでいた。

「府中の出身です。パイプ類を扱う仕事をしていました。時間を作っては山登りやオートバイをかなり過激にやってたけど、もう一つ充実感がない。三〇歳を過ぎた時、これを逃したらもうチャンスはない、と思い、アラスカに来たんです。それまで何度か来ていましたしね。結婚もしてなかったし。

ここのハンティング・ガイドの男に弟子入りして修業しました。数年後、独立して仕事ができるようになったんです。春から秋の間はガイドで冬はワナを仕掛けてリンクス（ヤマネコ）やテンの毛皮をとります。最大のお得意さんだったヨーロッパの国で動物保護のために毛皮を買わない運動が起こり、これが大きく広がって毛皮一本でやってきた猟師たちは打撃を受けてます。ぼくの場合は『ワナ猟』は一部だったので大したことはなかったけど。

二〇年前のアラスカは人が少なくて、アラスカ縦断のパイプラインの大事業や石油景気で湧いていたから、すぐに永住権はとれましたね。現在はちょっと難しいみたいですよ。ぼくの所に弟子入りを希望して日本から来た青年がいるけど、移住させてくれない。とても根性のある男でね、冷たい雨の中を解体した動物の肉を担いで歩いても、愚痴一つこぼさない。逆に喜んでいるくらいでね」

「いい話だなあ。日本人でも機会さえ与えられればいいアラスカ人になれるってことですね」

アラスカに何年いてもブッシュの中に入れない人もいるし、伊藤さんのように数年でプロのハンターになってしまった人もいる。要は素質の問題なのだ。

人種偏見の強いアメリカ南部あたりの金持ちが来ると、最初のうち、日本人の伊藤さんを疑いの目で見る。しかし、猟に出て、二、三日もすると態度が変るそうだ。彼の猟師としての名声は大したもので、ぼくは二日いる間に近所の男たちが伊藤さんのことを「凄いハンターだぜ」というのを何度も耳にした。

伊藤さんは四〇〇メートルの距離からムースやカリブーを仕留めたことが二、三度ある。普通は一〇〇から一五〇メートルまで近寄らないとまず命中しない。

この話が近所のバーなどでは次第に大きくなり、「イトーは一〇〇〇メートルでムースを仕留めた」ということになっているそうだ。

アラスカでもとびきり僻地の誰も人がいない所に人を案内するのが伊藤さんの仕事だ。

（以下略）

（野田知佑『南の川まで』新潮文庫、一九九六年より）

野田知佑（のだ・ともすけ）
日本や世界の川を、カヌーで旅するカヌーイスト。『日本の川を旅する』（日本ノンフィクション賞新人賞）のほか、『北の川から』『ゆらゆらとユーコン』など著書は多数。

〈Ⅱ〉オレが罠猟師になった理由《わけ》

［前頁の写真］
［上］クリアーの自宅で。（1986 年 3 月頃）
［下］20 代半ば、東京で「カミナリ族」（今の暴走族）だった頃。（1960 年代）

第8話

アラスカで、罠猟師《トラッパー》になるんだ！

アフリカに行こうか、アラスカにいこうか

20代のころ（1960年代）、オレは、アラスカへ行くか、アフリカへ行くか、って迷ってたんだ。

アフリカって行っても、ジャングルじゃない。砂漠。カラハリ砂漠の記録映画なんか、どういうわけだか捜してね、よく見てた。1960年代当時、まだあまり知られてなかった。ブッシュマン（サン人）のことなんか図書館で調べて、かなり資料持ってたよ。それとアラスカや極地の情報なんかも、いろいろとね。

両極に興味があった。赤道直下か、この北の果てか、どっちに行こうかってね。自分をそういうところで試してみたかった。あの連中ができるんだから、オレにもできる。そういう気持ちがあったね。

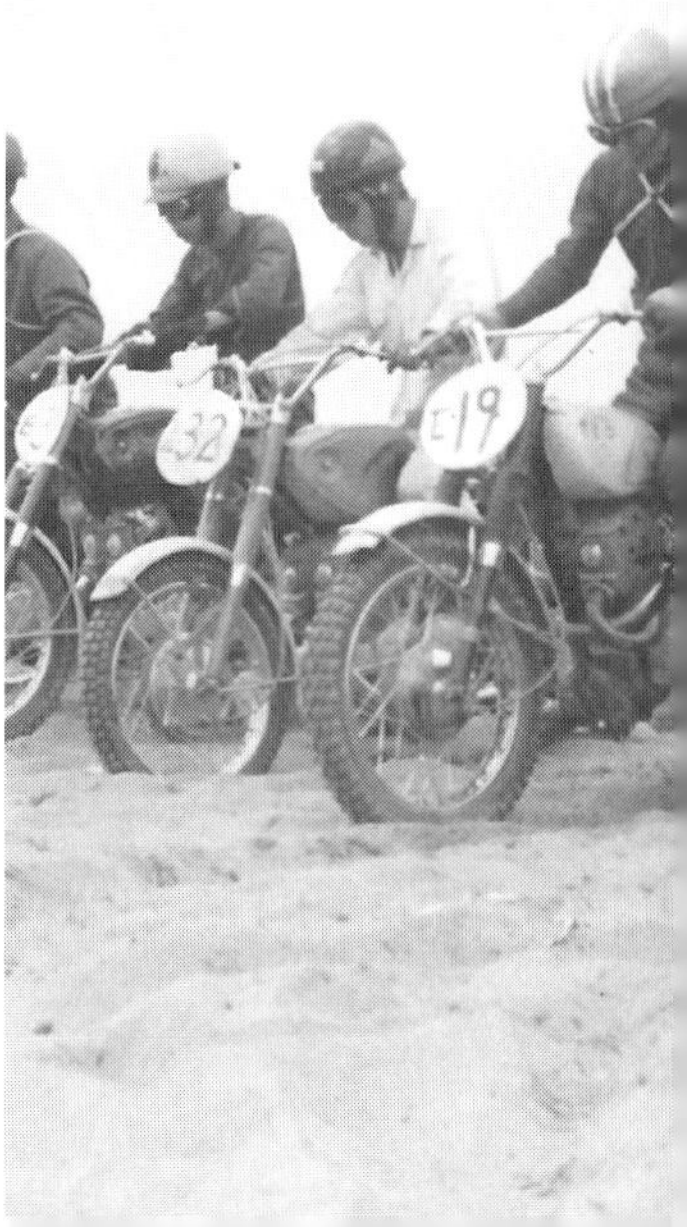

日本でアマチュアのモトクロス・レーサーだった頃。ゼッケン32

アマチュアのオートレーサーだったんだ

アラスカへ行こうと決めたずっと以前から、エスキモーとかインディアンの昔ながらの生活に惹かれていた。12歳ぐらいのときに、もうアラスカの本をめくって見てた覚えがある。オレが大人になってからは「昔ながらの生活が失われて、現在はない」って書いてあるのもあったし、「ごく一部、アラスカやカナダ北部で、狩猟だけで生きている人たちが残っている」って書いてあるのもあった。数人残っているんだったら、まだできるんじゃないかと思ったわけだ。罠を掛けるのはむずかしそうだけど、トラッピング、つまり罠猟ね、それとハンティング（狩猟）とフィッシング（釣り）をやりながら、**アラスカで暮らしたいなぁ**とずっと思ってた。

20代のころ、アマチュアのオートレーサーだったんだ。あの、ほら、「カミナリ族」（今の暴走族）というのから始まってね、会社勤めをしながら、そのうちモトクロスとかロードレースに夢中になってた。しがみつくようにやってたんだ。ほかに、おもしろいことがなかったからね。

ヨーロッパもいいなぁ、って気持ちがあったね、そのころは。アマチュアでも、ホンダとかヤマハとかと契約すれば、ヨーロッパに行けるんだよな。現に、オレの友だちがヤマハと契約して、ヨーロッパに行ってひとっ走りしてきた。そしたら、人間が変わってんのね。なんていうか、自信を持ってるんだな。それを見た時、これじゃないとダメだと、日本でうろちょろしててもだめだと、そう思ったね。

だけどオレの場合、ケガ、ケガ、ケガが相次いで、ついに実現しなかった。芽が出なかったというか、足を折ったり、頭をケガしたり、鎖骨を折ったり、手首を折ったりとか続いて……。そのころから、オートレースのほかに、釣りとか、鉄砲とかもやっていた。それらをやるには、日本では山に行かなきゃなんないでしょ。それで山も好きになって、オートバイ、鉄砲、釣りと、にっちもさっちも行かなくなってきた。いくら時間があっても足りない状態。そして、28歳のころだったね。オートレースで事故を起こして、左の足首を脱臼・複雑骨折した。オートバイの左足というのはギアのチェンジをしなくちゃなんないのに、その左足が言うことをきかなくなった。ギアは一瞬にチェンジしなくちゃならないのに、そのタイミングがもう合わない。だから、辞めた。挫折したわけだ。さて、これからどうするってことになった。やっぱり、アラスカかアフリカへ行ってみるかって気持ちになったんだ。

ケガのリハビリのために、毎週末の土日、近くの山を寝ずに走破した。それで足に自信がついて、これならアラスカにも行けるなと思って、アラスカ行きの思いがどんどん膨らんでいったわけだ。

で、結局、北のアラスカにしたっていうのは、こっちのほうが来やすかったから。当時（70年代初頭）、アフリカでは独立とかゲリラの問題が起き始めていた。ちょっと難しいんじゃないかって、東京の旅行会社にいた知り合いが言うんだ。「アフリカより、アラスカのほうが問題ないんじゃないか」ってね。アフリカに行くには、注射もバカバカやらなくちゃなんないし、それも嫌だった（笑）。それで、とにかくアラスカ見てこようかなっていう気になった。

そのころ、NKK（日本鋼管）の水道管とかガス管の代理店に勤めてて、東京都内の工事現場とかに配管を届けてまわる仕事をやってたんだけど、たいへんな仕事だった。それなのに、仕事がひと段落ついて、休みをくれって言ったら、なんと1か月休みをくれた。「どこに行くんだ?」って聞くから、「アラスカに行って釣りをやります」って言ったらね、みんなびっくりしたけど、「クマに気をつけろよ」って言いながらも励ましてくれたよ、ハハハ。
出発したのは、１９７２年の５月だった。

アラスカの人間っていうのは、みんな人が良かった

アラスカの大自然については、本とかで調べていたんだけどさ、なかなか予測がつかなかった。日本のちょっとした山を想像すればいいかな、と思ってアラスカにやってきたんだけど、ぜんぜん違ったね。ハイウェイから一歩入ったら、そこは、もうクマの世界だった。油断したら命のやりとりになるというのが、いちばんショックだった。怖かった。だけど、野生動物に対する緊張感っていうか、神経がピリピリくるような、そういう感覚が、**もうたまらなくて**。おそらく、それはもう一種の麻薬だろうね。クマと対決したときに、鉄砲があって、もしクマが襲ってきたら射殺することもできる。そういう環境にいつもいるっていうのは、自分にとってたまらない魅力だったね。人によっては、そんなことはとんでもないっ！　そんなの嫌だっていう人が多いけどさ、オレなんか、そういう環境に、**いつもいたい**っていう気持ちがあるんだな、うん。

そりゃあ、肝を冷やしたこともあったよ。道端でテントを張って寝てると、夜中に木の枝が折れる音がする。ムースかクマか、体重のありそうな獣が近づいてくるのがわかるんだ。ハッと目を覚まして、どうしようかなと思っても、テントのなかだからなす術もない。しょうがないから鍋を引っ張り出して、ガンガンぶっ叩いて追っ払ったことが何回もあった。神経が一点に集中してると、あの得体の知れない足音が近づいてくるのか、遠ざかっていくのかがわかるんだ、素人のオレにもね。

オートバイのエンジンの音とか排気ガスの匂いが忘れられなくてね、フェアバンクスに着いたら、さっそくオートバイを買った。ホンダの90CCね。

1970年代初めのアラスカの道は、どこも砂利道だった。オレはレースでならした腕で、そこら中を走りまわった。**トコトコトコトコ**とね。アメリカ人とかドイツ人とか、オートバイで旅行してる人たちがけっこういたけど、そいつらをぶち抜いていくのね。それが楽しみだった。前にケガをした左の足首は、少し痛かったけど、レースじゃないから、ギア・チェンジで電光石火の早業とかは必要ないんで、まったく問題なかった。

フェアバンクス近くの山の頂上で、オートバイがぶっ壊れたんだ。どうしようかなぁと思った。歩いたって途方もないから、ひと晩泊まって考えようと、テントを引っ張り出して張り始めたら、トラックが1台やってきたんだ。

「おまえ、なに、こんなところでやってるんだ？」って、そのドライバーが聞く。

「オートバイが壊れたから、ここに泊まろうと思ってる」って言ったら、彼はあきれて、

「おまえ、鉄砲持ってるのか？」

「何にもないよ」って答えた。そしたら、

「ここはグリズリー（ハイイログマ）が行ったり来たりして、危なくてしょうがない。トラックは荷物が満載で隙間がないけど、ドラム缶、2本降ろせばオートバイが乗るから、町まで送ってやる」って言うんだ。

それも、フェアバンクスのオートバイ屋のど真ん中にトラックを停めて降ろすと、英語のできないオレに代わって、オートバイ屋のオヤジに説明して直すように頼んでもくれた。**感激したね。**

そのころは、オイル・ブームとなるパイプラン建設工事が始まる前で、人間が少なかったから、アラスカの人間っていうのは、みんな人が良かった。

山道の途中で写真を撮っているだけで、オートバイが壊れたのかと思って、行きずりの車が停まってくれるんだ。「だいじょうぶか？」ってね。「おまえ、こんなところで何してるんだ」って、みんな聞く。このオートバイで旅してるんだって言うと、みんなびっくりした。そのくらい、アラスカに来る旅行者が少なかった頃だったね。

オートバイが小さいから、車で1日で行けるところを、3日ぐらいかかる。でも、けっこう面白かったよ。

「また釣りに帰ってくるよ」

90CCのオートバイでぐるぐる回りながら、釣りと鉄砲を夢中になってやっていて、ハッと気がついたら、もう1か月と1週間も経っていた。会社の休暇期間をとうに過ぎちゃってる。でも、あんまり面白いから、勤めてた配管の会社に「帰んないよ」って連絡してさ、結局、3か月いたんだ。

一方では、1か月の休みにもかかわらず、アラスカに入るときにちゃっかりと「3か月のビザをください」と申請してたんだよね。そしたら、1か月しかくれなかった。その1か月のビザも、結局、無視しちゃったわけだ。これは、帰りに出国するときにとんでもないことになりそうだなって予感がした。

ところが、アラスカの出入国管理のお役人さんは、オレのパスポートを見て「オォ、おまえ、ずいぶんアラスカで楽しんだな」って言うんだ。「**最高だった！**」ってオレが答えると、「オーケー」って言って、ほかに何も言わなかった。いやぁ、さすがアラスカだなぁと、そのとき思ったね。で、「**また釣りに帰ってくるよ**」と言ったら、また「**オーケー！**」。そんな感じだったね、あの頃は。

とにかくアラスカは世界中の飛行機の給油地で、ほとんどの乗客は、あっちのほう、ニューヨークとかヨーロッパに行く人ばっかりだった。オレがフェアバンクスで降りるときね、もう、みんなびっくりしてる。「こ～んなところで、降りるの？」ってね、ワハハハハ。

で、まぁ、降りるのもそうだったけど、帰る時も面白かったね。フェアバンクスの空港で待ってたわけ。たった一人よ。だーれもいない。そしたら、タクシーの運転手が、ギョロギョロしながらぶっ飛んできて、「イトー」って呼んでいるわけ。「おー、オレ、オレ」ったら、「カモン、カモン！」って言うから、何だよって言ったら、「いいから乗れ！」。タクシーに放り込まれちゃった。なんだろなぁって思ってるうちに、ぶんぶん走って、フェアバンクスから45キロくらい離れたアイルソンっていう空軍基地のなかに入っていくわけ、がんがん。そしたら、そこにオレが乗るはずの日本行きの飛行機が来てて、そこで給油してたんだ、ハハハ。

ほんで、そこがまた面白かった。でっかい格納庫のなかに、イスが並べてあって、そこに座って、みんな待ってるわけ。向こう、ニューヨークからとか帰ってくる日本人がごろごろいるわけ。そこへ、オレが汚い、日に焼けた恰好で入っていったら、もうみんな、それが興味津々なわけ。ずーっと見てる。ジローーっと、オレがどこへ行くにも見てる。アハハ。で、そのうち、若いのが、ハッデな恰好した男で、もう日本人だかアメリカ人だかわかんないようなハデな恰好したのが、オレに聞くんだ。「……アラスカでぇ……、何やってたの？」。ウワハハハ。いやぁ、笑っちゃったよ、あれには。「アラスカでぇ……、何やってたの？」だって、**へっへへ。**

「おまえは結婚してない、まだ独身だ。今だぞ、決めるのは！」

3か月の滞在で、いろんな収穫があって、友だちもできた。旅の終わりの9月には、**これならイケるな、アラスカに住んでも大丈夫だな**っていう自信がついて、そんで日本に帰ってきた。

で、会社に出社した。席がなくなっていたらいいな、**クビになっていればいいな**、なんて思いながら。会社をクビになったら、即、数日後にもアラスカに飛んで行きたかった。ところが、会社はちゃんと席をとっていてくれて、クビどころか、翌日から仕事があるって言うんだ。

アラスカに永住したいという気持ちは募る一方だったけど、それはあくまでも計画だったわけさ。頭んなかで考えていただけのものだよ。チャンスがあったらと願っていただけで。一方では、オレも30の歳を超えてただろ。もう結婚するかって、まわりから圧力がかかってた。友だちのなかでも、独身は数人しかいなかったし、結婚してないのは、よっぽど女にもてないんだなって始まった。そんなこと言われると面白くないし、オレもかっかきて、おぅ、そんならオレも母ちゃんもらうか、という気にもなったさ。

だけどそのとき、ヨーロッパの山なんか、がんがん登っちゃってる山男で、オレよりひとまわり年上の山の大先輩、大倉大八さんが言ったんだ。

「イトーくん、心に思い残すことがあって結婚したら、おそらく後悔するよ」ってさ。

この人は、ある夢を実現できずにいたんだ。ヨットに乗って世界中をまわり、なおかつ山にも登るという夢。ところが結婚して子どももできたので、実行できなかった。山のほうは、なんとか残した。登山用品の店も出した。四谷にあった「欧州山荘」って店。店は奥さんに任せて、自分は相変わらず山に登って歩いてた。だけど、やっぱりヨットで世界中をまわりたいという夢が離れなかったんだな。四十いくつになってもだよ。だからオレに会うたびに、こんこんと言うわけだ。「**おまえ、今だ！**」ってね。「おまえは結婚してない、まだ独身だ。今だぞ、決めるのは！」って（笑）。

結局、彼のそのひと言で、オレはアラスカ永住を決めたんだ。

「おまえね、アラスカの冬はね、死ぬんだよ」

会社にお願いして「じつはこういうわけで、アラスカに移住することにしたので、もうしわけないんですけど辞めさせてください」って言ったら、じゃあ、後継者にバトンタッチしろ、っていうことになって、約6か月かけて仕事の引継ぎをぜんぶやって、円満に退社した。退社したときに、送別会だなんだって、みんな騒いでるんで、おかしかったね。「じつは、明日、アラスカに行くんだよ」って言ったら、みんなびっくりしてた、ハハハ。

帰国から1年後の1973年だったかな、そのころ成田空港はまだなくて、羽田から、ノースウエストでフェアバンクスに直行便があって、いきなり内陸のど真ん中、フェアバンクスに入ったんだ。

空港でイミグレイションの移民局の人にね、「アラスカに住みたい」って言ったんだ。そしたら、

「おまえね、アラスカの冬、知ってんのか？」って言うからね、
「ううん、知らないよ。今度が初めてなんだから」
「おまえね、アラスカの冬はね、死ぬんだよ。人間が、簡単に死ぬんだよ」って言われたよ。**ハハハハハ、**
ハーッハハハハハ。

第9話

幻のレストラン「クラブ・トーキョー」の人々

「クラブ・トーキョー」との出会い

1972年、3か月のアラスカ下見旅行で、ある日本人一家に出会ったのが、アラスカ永住を決めた決定的なできごとだったんだ。

オートバイで走っててさ、**ビューン**って、夜帰ってきた。いつも新しくできたハイウェイばっかり走ってたんだけど、あるとき、オールド・リチャードソン・ハイウェイという道に出くわした。フェアバンクスから6マイル行くと、バージー・ロードっていうのがあって、その旧道にぶつかる。そんで、たまたま、どんなとこかなって入ってみたの。もう夜中に。

ビーーーーッって来たら、パッと通り過ぎたネオンに、確か「CLUB TOKYO」（クラブ・トーキョー）って書いてあったなって思ったわけ。バッとUターンして戻ってきて、よくよくそのネオンを見たら、やっぱり「クラブ・トーキョー」。見たら、化け物屋敷みたいのが建ってるわけ。なーんか、ドア

クリアーのケアテイカーをしていたキャビンの前で、トラックを修理中

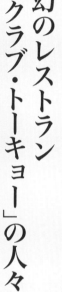

もバチッと閉まってるし、**だーいじょうぶかな、こんなとこって、**なにがなかにあるのか、恐る恐るドアを開けて入っていったら、プロレスラーみたいな、でかい男が出てきて「**アーッ！　アー・ユー・ジャパニーズ？　カモン、カモン、カモン**」って、どわーっとキッチンまで連れて行かれちゃた。そしたら、そこに日本人の奥さんエィコさんと、息子さんと、二人の娘さんがいて、「**いらっしゃーい！**」なんて日本語で言われて、**びっくり**。いやー、それが「クラブ・トーキョー」の一家との初めての出会いだった。

奥さんがいきなり、「お腹、すいてる？」って言うから「**ハイッ！**」。もうテンプラを山盛り作ってくれて、そんで「明日、どこ行くの？」って言うから、「明日、釣りに行こうと思ってるんですけど」って答えたら、「あー、そいじゃぁ、帰りまた寄りなさいよ。また食べさせてあげるから」って。で、また、ずうずうしく寄ったわけ、翌日。ハハハ。

アラスカに舞い戻ってきて「クラブ・トーキョー」へ

オレが来た1970年代前半のアラスカっていうのは、パイプラインっていう、北極海沿岸から南のバルデーズってところまで800マイル（1267キロ）、縦にバーって採掘した石油を運ぶためのパイプラインを引く大工事が始まる直前だったのね。翌1973年にオレがフェアバンクスに舞い戻ってきた時には、工事も始まってて、もぉー、パイプライン・ブーム真っただ中でさ、なんかちょっとバブルみたいな景気で沸き返っててね、どこもかしこも大繁盛だった。

忙しくなった「クラブ・トーキョー」の人たちに請われるまま、そこで居候しながら、キッチンや子どもの学校の送り迎えなんかを手伝った。ちょっとゴタゴタした時代でね、いやー、じつにおもしろかった、あのころは。

おもしろいオヤジだったなぁ、ドンさんっていう、奥さんのダンナってのは。**ゴリラみたいな人**なんだよね、この人。でかくて、人相悪くて、全身に、何十か所かわかんないくらい傷のある人だった。体もでかくて、200ポンド（約91キロ）以上あるんだよね。**すんごい**。**鯉のぼりみたいな体**してるんだよね、へへへ。奥さんは、小柄のぽちゃぽちゃっとした、かわいい感じの日本人女性。レストランでは、ときどき日本の着物を着て、いそいそと働いていたっけね。

そのぉ、バイクで初めて行って「また来なさい、食べさせてあげるから」って言われて、翌日、また行ったときに、いろんな話が出た。オヤジさんと奥さん見比べてね、オレ、素朴な質問、

「どうして、こんなゴリラみたいな人と知り合ったんですか？」って聞いたら、

「じつはね……」。その奥さんもまたね、とーんでもないような経験してたんだよね。

奥さんの妹が、アメリカ人の兵隊さんと結婚していて、フェアバンクスの基地に住んでいた。で、その妹を訪ねて来たっていうんだね。

「じつはね、前のわたしの主人はね、水商売だったの」って言うの。

もう、とにかく、東京の錦糸町とかあの界隈で、バーとかナイトクラブを何軒も持っているような、遊び人だよね。そんで、その人が、もうとんでもない、ありとあらゆる水商売に手を伸ばして、借金でにっちもさっちも行かなくなったときに、ま、離婚したんだよね。それも、それこそ、もー、倶利伽羅紋紋《くりからもんもん》のお兄さんが、毎日、家に怒鳴り込んできて、それこそ生きた心地がしなかったって、子どもたちはそうい

うふうに言ってたね。奥さんは「ま、あたしが金持ってるわけじゃないんだから、もう、倶利伽羅紋紋《くりからもんもん》でも、なんでも持ってこいっ！」って、居直った気持ちになった。そういう度胸のある奥さん。それで、離婚して、子ども連れて、アラスカでも遊びに行くかってんで、3人の子ども連れて、妹を訪ねてきたわけ。

そしたら、たまたま妹さんのダンナさんが、ドンさんっていう、そのゴリラと知り合いだったわけ。ときどき遊びに来て、子どもたちがまだ10歳前後、一番小さいのが6歳だったから、子どもたちにオモチャとか持ってきて、あぁ、これで遊べとか、遊ばしてやってるうちに、ま、2、3か月して帰るつもりだったのが、ま、その、けっこう居心地がいいんで、6か月ぐらいいたんだよね。

そしたら、そのドンさんっていうのが、自分は学校行ってなくて、それが劣等感だったようで、奥さんの長男や長女は、もう小学生の歳だから、学校行かせなきゃかわいそうだって、無理やり地元の学校に入れちゃったわけ。もう、何がなんでも勉強させろって、そういう考えなの。ほんで、そういうのがきっかけで、子どもの面倒をドンさんがみるようになって、で、なんて言うのかなぁ、ほだされたんだね。

「結婚してくれ」って言われたときに、断ろうと思ったけど断われなかった。それと、あんまり、アラスカが居心地がいいんで、アラスカに住めたらなぁって、そのころ思うようになってたって。そこで、妹がね、なにがなんでもいいからね、このゴリラと結婚すれば、アメリカの永住権とか、市民権とか取れるから、とにかくいいから結婚して、適当なところで、取れたら別れちゃえばいいんだからって、ま、説得されて、結婚しちゃおうかって、結婚しちゃった。それがしばらく、ずーっと続いてたけわけね。

ドンさん、そのころ、奥さんたちに感化されちゃってさ、「メシ」「ゴハン」って言うんだよね。茶碗にご飯よそってやるとさ、もう、酢をかけなきゃ食べないの。寿司が大好きなの。寿司酢を持ってきてさ、パーッと好きなだけかけてさ、ほんで食べてんの。それと納豆。そういうのが大好きなの。納豆作ってやったら、もう喜んじゃって。ご飯に納豆かけてるアメリカ人なんて、気持ち悪くて見てらんない。ぜんぜん、サマにならないよ、ハハハ。

ドンさんって、すごいオヤジだった

ドンさんって、おもしろいオヤジだったなぁ。

ま、いろいろ話聞いてみると、気の毒なオヤジさんでさ、学校もろくすっぽ出てないんだよね。計算も、100くらいまではできるんだけど、そこから先になっちゃうと、もうダメなんだ。

そのオヤジさんが、奥さんの協力を得て、日本食のレストランを開いたわけ。それが「クラブ・トーキョー」。

フェアバンクスの隣町ノースポール市を走るオールド・リチャードソン・ハイウェイっていう、いわゆる田舎道の道ばたに、1930年代に建てられた古い建物があったんだ。もともとバーとエンターテイメントの場として建てられた。トップレスみたいの、やってたんじゃないかな。だから、すーげぇ立派なバーのカウンターとか、ものすごい鏡とかが、ドバーッとはまってて、スゴかった。誰かが使い道がないまま持ってた建物なんだけど、お化け屋敷って呼ばれてたその家を借りて、奥さんとドンさん、子どもたちで、きれいに直して掃除して、ほいでレストランを始めた。

レストランはちょうど、パイプラインの景気と、奥さんの手作りの日本料理で大繁盛。

そのころ、フェアバンクス近辺に、日本食ってのはそこの1軒しかなかったし、奥さんの手作りの料理が、日本人のオレが食べても、**うまいっ！**ていうもの作ってくれたんだ。奥さんの父親が、東京でレストランやってて、彼女、ずっーと子どものときから手伝ってたから、中途半端じゃないんだよね。で、その商売の味と、家庭の味がうまーくミックスして、とんでもない美味い料理ができるわけ。

テンプラなんて、初めてここで食べたとき、うわーっ、**このアラスカまで来て、こんなうまいテンプラ食えるんかーって**感激したもんね。テンプラでもスキヤキでも、もぉー、家庭で食べるあの味なわけ。テンプラも、ていねいに揚げてくれる。少々時間はかかるけど、とにかく一度食べたら「**いやぁ、うまい！最高だ!!**」とか言って、わざわざみんなキッチンまで来て、「ごっそうさん！」ってひと声かけて、そんで帰るようなレストランだった。

あんなマメな奥さんは、ちょっといないだろうなぁ。とにかく、どんなに疲れてても、自分でフェアバンクスまで買い出しに出かけて、野菜とか肉とか、すべて自分の目で選んで買って、ぜったい人に任せない。そういう人だった。でも、子どもたちはまだちっちゃいし、運転はできないから、ドンさんがそっちのほうやってた。でもドンさんも、あれもやんなきゃ、これもやんなきゃって、いろいろ忙しい。そこへ、ちょうどオレが加わった。もう、奥さんのお抱え運転手みたいで、オレが年がら年中一緒にまわって歩いてるから、みんな、オレと奥さんが夫婦で、ドンっていうのは、レストランのボーイかなんかと、みんな見てたみたい。笑っちゃうよね、ハハハ。

3人の子どもはね、スクールバスだといじめられるからって、オレが毎朝、学校へ送り届けてあげた。一人は、16キロくらい離れたフェアバンクスの学校で、もう一人は、自宅から近いノースポール市。これまた、たいへんでねぇ。真冬、2つの学校とレストラン、とんぼ返りで運転してた。

ドンさんって、すごいオヤジだった。

もとバーテンダー。アラスカのいっちばん悪い、**いっちばんタチの悪いバー**のバーテンダーだった。うーん、すごい。とにかく体中がさ、もう切り傷だらけ。切傷、弾傷、火傷の痕。「なんだ、これ、火傷？」って聞いたらね、ケンカに負けて捕まって、トーチ、あのガスバーナーの**ベーッ**て出るやつ、あれで焼かれたんだって。そんな傷が、体中ごろごろついてる。腕なんて、オレの足よりも太かった。

難しいことはわかんない人だったけど、バーテンダーやらしたら、天下一品だった。すごい、もう、アメリカのバーだから、カウンターの長さが十数メートルあるような、ダーッとでかいカウンターがあるバーが、フェアバンクスのダウンタウンのど真ん中にあった（今は、取り壊されて、なくなっちゃってるけど）。そのバーの端から端まで飛んで歩いて、で、バカ言って、ジョーク言って、みんなを笑わして、ほいで、体も態度もでかいから、**グワーッ、ダーッ**て、やられちゃうわけだ。これは、女に切られたやつだとか、誰々に切られたとか、年柄年中、傷だらけ。いやぁ、すげぇ人いるなぁと思ったね。

アラスカは、石油パイプライン景気で大騒ぎ

レストランは、いやぁ、すごいお客さんだったよ。いきなり食べたいといっても、もういっぱい。金、土、日なんて、前の日に予約入れてないと、たいがいダメだったね。

オレがあそこで働いてたときには、毎日チップでポケットが膨らむほどだった。そのぐらい、すごかった。パイプラインで働いてた人たちは、ものすごい高給取りだったから、そうねぇ、20ドルなんて当たり前。50ドルのチップも珍しくなかった。70年代のことだよ。1ドル札とか5ドル札のチップだけで、車

買ったことあるもん。巨大な札束持ってってたら、売り手がびっくりしてた。札束ドーンと目の前に置いて、「信用してくれ、勘定してもいいよ」って言ったら、もう、あっけにとられて、「うわーっ。でも、おまえのこと、信用しよう」って、ハハハ。

そうそう、クラブ・トーキョーは、パイプラインの前からやってたの。そんで、パイプラインで大もうけしたわけ。奥さんの長男っていうのは、そのころ、すでにミネソタのほうに移住しちゃってた。ほんで、二人の娘さんたちが店を手伝ってたんだけどね、すごい！ 高校生になった娘さんの乗る車が、たちまちキャデラックにバンッて替わったもんね。エルドラードってやつに。アンカレッジまで出かけていって、キャッシュで買っちゃった、うん。すごい。100ドル札の束をぼんと出したら、自動車屋のほうが、びっくりして「ウワーッ！ ちょっと待ってくれ、見せないでくれ。誰か来たらエライこっちゃ。見せないでくれ！」って。で、それに乗って帰ってきて、しばらくそれに乗ってたら、今度、ベンツに替わっちゃった。すごいんだよね。

やがて、クラブ・トーキョーの隣りに酒屋を開いたわけ。レストランでディナーを食べたお客さんが、酒屋にまわって、ウイスキーとか買って、帰る仕組みになってるわけ。

その酒屋は24時間オープンでね、パイプラインだなんだで、お客さんが相当来た、夜中に。隣りがバーだしね。ほとんどがネイティブの人だったけど。

この酒屋に、しょっちゅう**ホールド・アップ**（強盗）**が来るんだ**。そんで、警官が、年がら年中、情報が入るたびに張り込んで、後ろの酒の棚の後ろにね、ショットガン持ったのが二人張り込んでた。

「おまえ、来たらな、（キャッシュレジスターを）開けて、金、ぜんぶやってくれ。金やったら、おまえ、床に伏せてろ」

だけど、オレは運が良くてね、オレが店番やってるときは、1度も強盗にはめぐり会わなかった。

おもしろかったよ、酒屋は。夜中から朝方にかけて商売やってたんだけどね、いろんな人、来たねぇ。すごいのは、ピストル持ってくるやつ、いるんだよ。もちろん空《から》だけどね、ピストル持ってきてさ、ドーンとカウンターに置いて「酒くれ」って。ほいで、ま、オヤジに電話して聞いたら、「どんなピストルか？」って聞くんだよね。だいたい44マグナムのリボルバーだったら、ビールとかウイスキーとか、合計50ドルぐらいの酒と取り替えてあげたね。

そういうのは、ほとんど若い人だったけどね。パーティーやってんだけど金がなくなっちゃって、でも酒飲みたいから、ピストルいきなりカウンターにドーンってね。ドンさんは、最悪のバーでバーテンダーやってた経歴があるから、酔っ払いに、もーのすごい顔が広いから、いろんなのが来た。そうやってオレが手に入れたライフルとかピストルとか、車のジャッキとか、いろんな道具が、相当あったね。ドンさんに話してね、「オレの判断で、酒と交換していいか？」って言ったら、ああいいよって言うから。44マグナムのピストル、そうやって手に入れたのが2丁あるね。おそらく、まともなルートを通ってきたものじゃないだろうけど、知ってる人間だったから、やむを得ず、だね。

いやぁ、すごいよね。70歳ぐらいのインディアンのアル中のおばあちゃんが、よく買いにきたんだ。アメリカの酒屋っていうのは、お酒買っても、そこでポンと開けて飲んじゃいけない、ぜったいに。うん、日本だったら、その場で飲んでもかまわないとこあるだろ。アメリカでそれやったら、営業停止になる。でも、そのおばあちゃんは、もうそんなこと、知ったことない。どんどこ来て、それも3ドル99セントとか、もうバッカかみたいに安いウイスキーとか買うわけよ。そうワインなんか、1ドル99セントなんての、買っちゃう。何が入ってるかわかったもんじゃないさ、ハハハ。それをパンと開けて、カウンターのところで、お金払う前に、飲んじゃった。ガンガンガンガン……って。すんごい人がいるなぁって思ったねぇ。

そのおばあちゃん、ちょっと豪快な感じがしたよね、うん。

「おまえを撃ち殺しに戻ってくるから、覚悟しとけよ!」

だいたい1975、76年のフェアバンクスでは、毎日、毎晩、銃声がバカバカ聞こえてたからねぇ。そのくらい荒っぽかった。レストラン開いてるときは、必ず12ゲージのショットガンとか45コルトのオートマチックのとかをね、カウンターの下、手の届くところに置いといた。そんなの持って、待機したこともあった。

ものすごいタチの悪い客がいるわけ。そいつは、来るたんびに酔っ払ってる。70年代のことだから、まだ黒人差別むき出しの人がいてね、南の州から来た人って、黒人が嫌いな人が多いわけ。ウィークエンドには、レストランに40、50人お客が入るんだけど、そのタチの悪い客が、酔っ払って咆《ほ》えるんだ。

「なんか知らないけど、空気が悪い」って始まるわけ。

「ここの客は、くせぇ」とか、「レストランのメシはマズイ!」とかね。

そういうこと、でかい声で怒鳴るんだよね。黒人の家族が食べてるんだけど、もう、いたたまれなくなって、出て行っちゃうわけ。

　すると、プロレスラーみたいにでっかいドンさんが、怒って出てきてね、酔っ払いの耳をつかむ。耳をカッとつかんだらね、持ち上げちゃう。で、**だーっ**と外に放り投げた、**耳で**。手とかなんとかじゃない、耳でだよ。そしたら、そいつ怒ってね、

「てめぇ、うちに帰ってガン持って、**おまえを撃ち殺しに戻ってくるから、覚悟しとけよ！**」って、車がバーッて出て行った。すると、ドンさんも撃ち殺されるの嫌だから、オレにピストルとかショットガンとか持たせて、「これ持って、見張ってろ」って、ウワハハハ。

　レストランの入口のドアの隣りに、ちっちゃい窓がある。その窓のとこにイス持ってって座ってる。**おう**、こっちも用意して待ってたさ。そんで、待ってたんだけど、戻ってこなかった。

「来るぞぉっ、すぐ戻ってくるからなぁーっ！」って言って、来た試しがない。

「このヤロー、おまえの頭ぶっとばしてやるーっ！」って、オダを上げても、おそらく帰り道、車に乗りながら、頭冷やして考えるんだろうね。あー、これ以上やったら、ヤバイって気づくんだろうね、ハハハハ。

　いやぁ、これね、怖かったね。そんなことね、もうとにかく、あの当時のアラスカでなきゃ、経験できなかった。ウハハハハ。

　オレたちも遊びに行きたかったからね、最後までネバってるお客さんに、なるべく早く神輿《みこし》を上げてもらって、レストラン、バーッと閉めてね、フェアバンクスのダウンタウンに遊びに行った。

　毎晩のように遊びに行ったね。おもしろいとこ、飲み屋だけどね、ぐるっと回って帰ってきて、ころっ

と寝て、で、朝、ばーっと起きて、掃除して、買物やって、レストラン開かなきゃなんないから、エライいことだったよ。

そのころ、どこのバーも、24時間ぶっ通しで開いてたから、フェアバンクスの町なんて、ひと晩中、人であふれてた。そうなぁ、いちばんおもしろかったとこってのは、やっぱり、ものすごいでかい、にわか造りのプレハブみたいなバーとか、レストランとか、トップレスとかがぜんぶ入ってる建物がいっぱいあった。そういうとこへ、パイプラインの労働者が押し寄せてくるわけ。で、ケンカとか、なんだかんだゴタゴタ、もう目の前でゴロゴロ始まるわけ。そういうの、見てるだけでおもしろかった。巻き込まれたら、たいへんだけどね。

いやぁ、そのころ、びっくりしたのは、エスキモーの人とか、インディアンの人の金づかい。そのぉ、ほとんど彼らは、今までまとめてお金、給料をもらったことがない人が多いんだ。昔ながらの狩猟の生活をしてたからね。で、パイプラインの工事で仕事に行くようになって、現場からフェアバンクスに休暇で帰ってくるでしょ。もう、札束がうなってる。

とにかくそのころね、トップレス・バーが二つ三つあってね、そこ行くと、インディアンの人とかエスキモーの人が、最前列に並んでるんだよ。で、自分のひいきの女の子が踊るでしょ、すごい！ 100ドル札！ びっくりした。オレの友だちが、それやってんだ。

「とにかくね、おまえ。この100ドル、何時間あそこで働いて稼いだか、計算してみろ」って、言ったんだ。「そんなバカなこと、できねぇだろ」ってね。でも、そんなこと、知ったこっちゃない。

「**オー、シャーラップ！**」で、その女の子が出てくるたびに100ドル。うわぁ、すごいなって見てるしかなかったね。いったい、どのくらい、あの女の子稼いでたんだろうね。オレの友だちだけじゃないんだからね、（チップが）あっちこっちから、飛んでくるんだからさ。

あ、そのオレの友だちね、今、キーナイの向こうの方の刑務所に入ってる（1990年代前半頃）。パイプラインのときは良かったけど、その後も引き続き、なんていうの、コカインとかマリファナとか欲しいわけ。だけど、もうパイプラインのときのように働けないから、お金がない。

ついに、そのコカインとかマリファナを売る人間を連れ出して、ニナナの近くの山ん中で、頭撃って殺してさ、盗んだ。だけど、捕まっちゃった、90年に。100年近くだったかな、刑期は。

西部劇さながらの銃の撃ちあい

いやぁ、いろいろおもしろいこと、あったね、パイプラインのときは。

西部劇さながら、銃の撃ちあいっていうの、見たしねぇ。銃を、年がら年中、ぶら下げて歩いてる。それが当たり前だったんだからねぇ、あのときは。

それと、**女どうしのケンカ**ね。パイプラインの溶接の仕事をする人の奥さんなんだけど、オクラホマとか、アーカンソーっていう南の州から来た人たちが多かった。あの、でっかいパイプを溶接するっていうのは、特殊な技術なんで、そういう人たちは世界中を回ってる。中近東から今、帰ってきたばっかりだとかね。その人たちの、気の粗いこと。どうしようもないぐらい。獣みたいな感じなんだよね、みんな。それの奥さんなんだ、すごいのは。

バーでわーわー騒いでるうちに、ケンカになっちゃう。とてもじゃないけどね、**とってもじゃないけど**

ねぇ、なかに割って入いるなんてこと、ぜったいにできない。あのカーボーイの尖った靴とか、あれでバンバン蹴っ飛ばしあって、ぶん投げて、髪の毛持って引きずりまわしたあげく、ひっくり返ってるやつを、さらに蹴っ飛ばしちゃうんだからね。**男のケンカなんてもんじゃない、ものっすごい！**　これ見たときね、すごいな、と思ったね、オレ。ものすごく迫力があった、ハッハッハ。

いやぁ、それとかね、若い女の子がバーテンダーやっててね、きれいな人だったけど。夜中に、真っ青になって、オレが手伝っていた酒屋に駆け込んできた。真っ青になって、隠してくれって。で、しばらくしたらね、こんなでっかいナイフ持ったね、おばちゃんがね、飛び込んできたわけ。やっぱ、オクラホマから来たおばちゃんで、すっごいカッコして、あのビラビラのついたシャツと、カウボーイのシューズ履いて、ほんで、

「ここに入ったの、わかってるんだ。出せ」。

オレ、最後まで「知らない」って言い通した。

「ここへは、来なかった」、日本人だから、オレ、あまり英語がしゃべれないように、わかんないようにやって、「ノー、ノー、ノー」って、こう言ったらね、とうとう、あきらめて出ていったけどね。隠れてたバーテンダーの女の子、もう唇なんか紫色になって、真っ青になって、裏でがたがた震えてた。フ、フ、フ、フ。

この隣りにあったバーも、何回か、銃弾、撃ち込まれたね。車から、ワーッと通りながらね。なんか恨みちつらみがあってね。前にケンカして放り出されたとかいうのがあって、**バーーン**って撃ち込んでった。オレたちも、年がら年中、レストランで〝武装〟の準備してた。ショットガンと、コルト45口径ってい

自宅敷地内に駐車してあるキャンピング・トレーナーのなかで。（1988 年頃）

うオートマチックのあるでしょ、あれ。年がら年中、撃つように、ドンさんに練習させられた。レストランとか酒屋とか、そこらじゅう軒並み、強盗にやられてたからね、そのころ。だから、これはしょうがない、自衛の手段としてね。

警官も、年がら年中来てた。もし、警官が張り込んでないときに強盗が来たら、こうやれって言うんだ。「おまえね、相手が銃を持ってたら、ぜんぶ金をくれてやれ。で、おまえはね、銃を持ってる素振りを、ぜったい見せるな。金くれてやって、そいつが車に乗り込んだら、銃で車のウィンドーをぶち抜け。車のウィンドーが割れたら、アラスカの冬は寒くてもたないから」

そんなうまいこと、オレできるかなって、とまどったね、そのころは。

また、おもしろいことに、ドンさんのレストランの下が地下室になってて、冷凍庫とか食糧が貯蔵してあるわけ。そこが、射撃の練習場だった。レストラン終わると、地下で、弾をバケツいっぱいに持ち出して、で、耳栓して、**バンバンバンバンバンバン……**、**ダッダッダダダ……**。毎晩やるんだ。笑っちゃうよね。すごーい。オレの足ぐらい太い腕のドンさんが、ピストル持って撃つと、もうバカみたいに速いんだ。ババババババーッて撃っちゃう。

警官からも、ピストルを持っていい、撃ってもいい、っていう許可もらってるわけ。どういう許可だか知らないけど、とにかく、ピストルを持ってて、たとえばレストランに危害を与えるような場合、または、なんらかの被害が出るおそれのある場合は、撃ってかまわない、ってな許可を取り付けてあったらしい。新聞にまで広告出してた。「この日本食レストランに損害を与えるような場合は、銃を発射する許可を得ています」っていうような広告出しちゃってた。

そのころは、銃を持てるなんて、うれしかったけど、ちゃんと弾込めて、手ぐすね引いて待ってたんだけど、やっぱり相手が人間となると、怖かったよね。知らないうちに、足が、やっぱ、膝のこのへんがガクガクして、震えて、武者ぶるいっていうよりも、恐ろしくて。人間だったら、相手、撃ち返してくるからねぇ。動物だったら、そういうことないけどさ、ハハハ。撃ち返されないように、正確に撃たなきゃなんない。

いやぁ、オレなんか、知らないうちに、パイプラインのどさくさっていうか、そういう世界に巻き込まれちゃって、ヤバイな、これで頭なんか撃たれて死んじゃうのかな、と思ったけどね。一瞬、恐ろしい思いしたけどね、まったく、まぁ。

その後の「クラブ・トーキョー」

レストランはいつも満員だし、酒屋も繁盛するで、金、うなってたわけ。そこで、ついついドンさんもさ、いい加減、なんていうの、自分の力を過信しすぎたんだろうね。そのころね、町へドーンと出ると、町に友だちが、ずらーっといたわけ。ほんとバーでさ、「よっ」って入っていくだろ。やっぱり、「クラブ・トーキョー」のオーナーで、酒屋のオヤジだっていうのがあるから、札びら切っちゃうわけ。まったく、そういうさ、計算のできない人だった。ただただ、森の石松みたいな人でさ。バーテンダー長いことやって、昔は犬の餌まで食ったって言うもん。ほんとに苦労してさ、きたわけ。人にバカにされてきたわけ。学がないっていうんで。だから、人前で札束切っちゃう。バカにされたくないいんだよね。

でもさ、誰のおかげでこうなってるか、わかんなかったわけ。ほんで、かなり態度が変わってきて、彼女を作ったりなんかして、ついに離婚しちゃったんだよね。ま、酒屋を始めたおかげでね、ドンさんは酒屋のほうが忙しくなっちゃって、24時間営業の酒屋だったからね。レストランの方まで手がまわんなくなっちゃった。こんなもんだったらね、お互いに別れて、別々に事業やったほうがいいじゃないかって、そんで別れてしまったらしいんだけどね。

離婚して、レストランは奥さん、酒屋はドンさんとなって、オヤジさんは、初めて、自分は商売する能力がないってわかったわけ。計算ができないんだから。まず仕入れ先から「おまえとは、現金仕入れじゃなかったら、酒を売らない」ってことになった。で、現金で払って酒を仕入れてたんだけど、資金繰りがマズくなって、どんどんどん。それこそもう、いちばんポピュラーで売れるような酒も仕入れらんなくなっちゃって、最後、つぶれちゃったんだけど。ま、かわいそうな人でね、うん。奥さんが働きもんで、娘さんたちが手伝って、計算して協力して「あんた、これだけの物を、これだけ売ったら、これだけ儲かるよ」って、ぜーんぶやってくれてたから、うまくいってたわけ。それが、いっさい自分だけでやることになったとたん、混乱しちゃったわけ。あっという間につぶれたよ。あっという間にね。ま、気の毒だよね。オレにとっては、いいオヤジさんだったけどね。

で、奥さんとダンナさんは離婚しちゃって、そのころ、オレは夢の狩猟生活を始めるために、フェアバンクスから80マイル（約129キロ）南にある、クリアーってとこに、ツテがあって移り住んでいた。ところが、オレが辞めた何年後かに、レストランは火事で燃えちゃった。

アラスカの家は、石油を焚いてお湯を沸かして、それを循環させて暖房する。そのもとの石油ボイラーが、かなり古いやつで、もう何回も何回も修理してて、新しいのと替えなくっちゃって言ってた矢先だった。たまたまそれが故障して、石油が漏れたかなんかして、それが引火して、長女が寝ていた床が、ものすごい熱いって感じたんだって。そのときは、地下ぜんぶが火の海で、もう手のほどこしようがなかったって。木造のね、古い1930年代に建てられた建物は、あっという間に燃えちゃった。アラスカの冬は、カラカラに乾燥してるからね。

奥さん、銀行とか信用してなくて、稼いだお金をダンボールに詰めて、すべて2階のどっかに放り込んでおいたんだけど、それがみーんな燃えちゃった。いくらかのお金は、冷蔵庫の下かなんかに隠してあって、それは黒焦げになった札束を銀行に持っていったら、新しいお札に替えてくれたらしいけどね。でもさ、それがショックで、すぐそのあとで脳溢血起こして、死んじゃったんだ。

70年代の終わり、いや、1980年ごろかな。うん、最後は悲劇だったよね。火事になって、レストランぜんぶ燃えちゃったってのはねぇ。

その後、ドンさんは、バルデーズでバーテンダーにやってるって聞いたけどね、数年前にアンカレッジで死んだって報せを受けた。年取って、動けなくなって……。ちょくちょくアンカレッジに行く途中、クリアーに立ち寄ってくれたんだけど、なかなかタイミングが合わなくて、とうとう死に目にも会えなかった。

「クラブ・トーキョー」のころの体験は、今、人に話すと、

「あのオイル・ブームの盛り上がったころの話をできる人は、もういない。イトーさんだけだよ」って言われる。

「いやぁ、オレの話っていうのは、石油ブームのおかげで、地元の人がどうなったとか、銃を撃ちあったとか、夜の女がどうしたとか、そんな話ばっかりなんだよ」って言ったら、「いや、それがおもしろいだよ」って言われるよ。ハハハ。

（登場人物は仮名にしました）

コラム

永住権を申請したら、刑務所から出頭命令がきた……

パイプラインでは、日本人も何人か働いてたね。「何やってんの？」って聞いたら、たいがい労働者のキャンプ（仕事場）の掃除とか、ゴミ集めのトラック運転してるとか言ってた。そんでも、とんでもない金もらってたんだよね、そのころ。

オレにも、パイプラインで働くチャンスはあったんだよね。「おまえ、ノース・スロープ（北極圏の木々の生えないツンドラ地域）のキャンプに行ったら、時給で30ドルとか40ドルっていう仕事が、ゴロゴロあるぜ」って言われた。その人、パイプラインのどっかのボスみたいなことやってる人で、働きたかったら紹介してやるって言われたんだけど、なんていうのかなぁ、その、クラブ・トーキョーのオヤジ、ドンさんが、オレが永住権取るために一生懸命やってくれてるんで、ドンさんを裏切ることはできないと思ったんだ。パイプラインで一時的に金稼いでも、永住権取れなきゃしょうがないしね。

1973年から永住権を申請したんだけど、お金をかけて、いい弁護士を使えば3か月ぐらいで取れたらしいね、そのころは。オレの場合は、結局、3年かかった。

ドンのオヤジさんが、「おれが手伝ってやるから、心配するな」って言う。それで移民局に申請したら、書類がドーンと来た。見てみたら、かいもくわかんない。ドンさんは読み書きの手伝いはできなかったけど、いつもオレに付きあってくれた。書類が来て、オレが辞書を使ってやってると、ちゃんと横に座って、オレが終わるまでいてくれる。読んだり書いたりはできないけど、ちゃんと一緒にいてくれる。そして、その書類を送るでしょ。そしたら、赤線とかがいっぱい引かれて、こことここが、間違いだって返ってくる。それをまたやり直して送る。そんな繰り返しが、3年続いたんだ。

すると、ある日突然、フェアバンクスの刑務所から手紙が来て、出頭しろって書いてあった。「刑務所から手紙が来たよ」って、ドンさんに見せたら、「おぉ、いよいよ、おまえも終わりかぁ」なんて言う。3年もここに「不法滞在」してるから、これで刑務所入りだ、もう終わりだよ、っていうことだって言うんだな。オレも、しょうがない、覚悟して、着替えとかいろいろ持って、刑務所に出かけていった。

刑務所で、一歩なかに入ったとたん、「あぁ、イトーっていうのは、おまえか。こっちに来い」、大きなデスクに座ってる人が言った。で、行くと、いきなり「右手を上げろ」って言うんだよね。刑務所に入るのに、なんで右手を上げなくちゃなんないのかなって思ったら、じつはそれが、永住権を取得する際の宣誓だったんだ。

「おめでとう。いよいよ、ユーは、アメリカに永住できることになったぞ」

そのときは、なんか複雑な気持ちでね。刑務所に入るつもりで行ったのに、いきなり右手を上げて、宣誓、永住できる許可が取れた、なんて言われたものだから。永住権取得の通知というのが、移民局とかじゃなくて、警察から来たのにはびっくりしたね。

でも、それだけじゃ済まなかったんだ。その場で身体検査が始まった。もう素っ裸になって、写真を撮られて、指紋も採られてた。で、警察が指定したドクターが町にいるから、そこに行ってレントゲンとかを撮ってこいっ、て言われた。そのドクターは、腕をケガしたときに世話になった、あの軍医あがりのドクターだった。それで翌日だったかな。そのドクターのとこに行ったら、また「裸になれ」って言われたんだ。看護婦が、4、5人いて、みんな見てる。なんか知らないけど、看護婦さんたちは、まじめな顔っていうんじゃなくて、ニタニタ笑ってる。おばちゃんばっかりだったけど、笑ってるんだなぁ。

それで、ドクターが「こっちに来い」って言うから、「はい」って行ったら、年寄りのドクターなんだけど、いきなりチンチンをガーッとつかんだんだ。オレは「ウッ」って、もう息が止まるくらいびっくりしたんだけど、なかなか離さない。看護婦なんか、おなかを抱えて、体よじって笑っていやがる。オレは、それが、移民局の何かのテストだと思ったわけ。だから、おとなしくしていた。先生が「よし」と言うから、「もう終わったの?」って聞いたら「終わった」って。あとはレントゲンを撮って帰ってきた。

帰ってきてね、ドンさんにそのことを話したら、そこにいた人たち、みーんな、おなかを抱えて笑うわけ。「あれ、テストだろ?」って聞いたら、「テストじゃないよ、バカ野郎」って。「あのドクターのこと、知ってるか?」って聞くから、「知らないよ」って答えたら、「あのドクターは、同性愛者で有名なんだぞ」って言うんだ。ようするに、オレは悪戯されたということらしいんだ。

あとになって聞いた話だけど、そのドクターは、生涯独身で、億万長者だって。アラスカをはじめ、アメリカのあちこちに不動産とかビジネスを持ってたんだけど、数年後に死んじゃった。ガンかなんかで。身寄りもない人だったから、莫大な財産をすべて傷痍軍人の協会に寄付したそうな。オレは、ドンさんの話を聞いて、チンチンを握られたことに恨みをもってたんだけど、勘弁してやるかって気になったんだ、ハハハ。

　ともかく、そんな感じで永住権を取得して、ようやくオレは腰を落ち着けて、罠猟に励むことができるようになったわけ。

第10話
トムは、オレの罠猟のお師匠さん

トムとの出会い

オレが、トラッパー（罠猟師）になれたのは、あるインディアンの家族と出会ったおかげ。あの家族との出会いが、オレの運命を変えたと思うね。

フェアバンクスの「クラブ・トーキョー」っていうレストランを手伝ってたときにさ、そこの奥さん、エイコさんがね、サルベーション・アーミー（救世軍）っていうとこに、1週間に1回ぐらい、ボランティアで手伝いにいってた。そのサルベーション・アーミーっていうのは、町で、困ってる人とか、食糧がない人には食糧をあげたり、着るものがない人には、50セントとか1ドルとか、ものすごい安く服を売るとかの活動をしているとこなんだ（キリスト教の慈善団体）。そこに、洋服とか食糧とか、家具とか台所の鍋釜とか、ものすごい寄付がくるんだけど、人手がなくて、それをより分けることができない。それで、エイコさんたちが手伝ってた。

イトーのトラップ。
トムさんにもらったものもある。

で、たまたま、オレに声がかかって「時間があったら、手を貸してくれない」、じゃあ、行きましょう、っていうことになった。寄付で集まった古着をより分けて、ダンボールに入れるという、単純だけど、けっこうたいへんな仕事だった。やり始めたら、またそれがおもしろくて、1週間に3回ぐらい、レストランが始まる前に行って、そこ手伝ってたんだ。

5、6回通ってるうちにね、同じようにボランティアで、いつも来てたインディアンの大家族が、日本人は珍しいってんで、声をかけてきた。

「あんた、アラスカに、何しに来てるの？」って聞くからね、「狩猟と釣りです」って答えた。で、そのうち、今度、クリアーってとこで、知り合いのキャビンの留守番をすることになったって話をしたらね、その家族の奥さんが、

「自分の弟が、デナリ公園のそばの山の麓に住んでて、罠とか、狩猟とか、釣りとかをやってるから、それじゃあ、紹介してやろう。そっちに行ったら、いちばん先に、わたしのブラザーを訪ねろ」って言ってくれた。

オレがクリアーに着いたその日に、すでに連絡が入っててね、さっそくオレのキャビンまで訪ねてきてくれたよ。それが、インディアンのトムだった。いっぺんで、すっかり仲良くなっちゃったね。オレよりひとまわり年上でね、その日から、まるで兄弟みたいに面倒みてくれてね。なんていうのかな、オレにとっては、血を分けたじつの親兄弟よりも、近い感じで付きあってきた。

それからは、いっしょに釣りに行ったり、釣りの穴場を教えてくれたり、ハンティングもしたし、トラッピング（罠猟）も教えてくれたし、とにかく、オレにとってはラッキーな出会いだったんだ。とーにかく、オレは、**ぜったいに、この人を裏切らないように、**いっさい嘘をついたりしないようにしたわけ。トムは、勇猛な種族として知られるスー族と、アラスカのアサバスカン・インディアンとのあいだに、生まれた人なんだよね。インディアンってさ、**嘘つかれたりすると、もう、ぜったいダメなんだよね。**

トムが、ありとあらゆることを教えてくれた

念願のトラッピングもね、このトムがありとあらゆることを教えてくれた。二人で助けあって、罠を掛けたりしたんだけど、トムがいなかったらね、おそらくオレが罠猟師になれることはなかったろうねぇ。ニナナに以前は住んでて、兄弟もいるし、顔が広いんで、「あいつは、おれのトラップ・ライン（猟場）を行くけど、よろしく頼むよ」なんて話を通してくれてね、ほんとに助かった。あとから来た罠猟師は、昔ながらの猟場を使って罠をやってるネイティブ（先住民の総称で、アラスカ内陸部のネイティブとは、主にアサバスカン・インディアンのこと）の家族と、ときどき、猟場のことでゴタゴタを起こすんだけどね、オレは、まったく問題起きなかった。

初めてのクリアーの冬。一人でどこまでできるか、わからなかったけど、まずトムから、10個の罠を貸してもらって、罠の掛け方を習って、やってみた。そうしたら、たちまち、キツネとかヤマネコ（リンクス）とかが捕れた。「おまえ、すごいな」っておだてられて、もっと罠を貸してくれた。で、50、60個の

罠を張りめぐらしたら、お師匠さんのトムよりたくさん動物を捕っちゃった。捕れた動物は、皮を剥いで乾かして毛皮商に売りにいく。そうやって得たお金は、すべて罠に換えていった。で、たちまち600個ぐらいの罠を持つようになった。その罠をすべてトラップ・ラインに張りめぐらせて、3年後には、その罠猟の稼ぎだけで1年間暮らせるようになったね。冬に捕った毛皮を売ったお金で、ガソリンを買ったり、オイルを買ったりして、スノーモービルやトラックを維持できたんだ。

トムは、びっくりしてたよ。「いや、こいつにはもう何も教えるものがない。もう、おれより上だ。何をやっても、おれより上手になった」って、知り合いに言ってたね。日本人っていうのは、努力するというか、器用っていうかね。トムはね、一生懸命やるときはやるんだけど、お酒を飲む。飲み出したら酔っ払って、1週間ぐらい昼も夜も飲み続けちゃう。そうやってトムが寝ているあいだに、オレは一生懸命、スノーモービルで走り回って、動物捕ってくるわけだ。キツネ、マートン、ミンク、ビーバー、コヨーテ、グズリ、オオカミ……、だいたい3年でね、オレはありとあらゆる罠の掛け方を習得した。

トムのおかげで、罠の掛け方もうまくなって、鉄砲の撃ち方も上達した。アラスカは、**オレの夢を実現させてくれる魅力に、満ち満ちてたね。**来る日も来る日も、罠猟に打ち込んで、アラスカの原野を駆けずりまわってたよ、うん。罠猟ってのは、山奥に住む人の冬の唯一の仕事だからね。ほかに何もやることがない。ゴールドラッシュの昔もね、ほとんどの人が、夏のあいだは金を掘って、冬は罠猟やってしのいできた。冬は寒くて、がちがちに凍っちゃって、ほかに生活できるような仕事がなかったからね。罠をやるしかなかったんだな。

〔上〕罠猟の師匠であり、トラップラインを譲ってくれたアラスカ先住民のトムさん。イトーと一緒に射止めたクマの頭蓋骨を手にしている。
〔下〕イトーのトラップ。全部で600個くらいあるが、最初、トムさんから借りた10個のトラップから、イトーのトラッパー人生がはじまった。

春になると、トムと二人で、冬眠から目覚めて出てきたクマを撃ち捕って、その肉を食べた。クマの毛皮とか肉は、売ってお金にすることができないからね、肉を食べるためにハンティングした。トムは、鉄砲も名人クラスでね、ライフル銃の撃ち方なんか、彼からみっちり教えられたよ。

6月になると、サーモンが川を上ってくる。サーモンが釣れる川を、トムはちゃーんと知っててね、暇さえあれば出かけていって、たくさん釣って、大型冷凍庫に保存しておく。

おもしろい魚釣りがあってね、餌にイクラをつけても、フライで毛針を流しても、まったく喰いついてこない魚がいる。水が少なくて浅すぎて、魚がなんか恐怖を感じておどおどしてるのか、餌に喰いつこうと思わないんだな。いくら努力しても、ぜったいに釣れないんだ。

するとトムが、**いいこと教えてやる**って言うんだ。細い銅線を束にして持っていくんだけど、その銅線をスーッと伸ばして、先が締まるように輪にしてくってある。そんで、ネコヤナギの太くて長い木を1本採ってきて、その先端を針金に結んで、それを草かげから浅い水の中に流して、そこにいるマスのでかいやつの首に、輪を通しちゃう。マスは、まさか罠だとは思わないわけ。スッと通して、入ったなと思ったら持ち上げればいい。キュッと締まって、ポンポン掛かるんだ。

これはね、じつは、ネイティブ（先住民）しか、やっちゃいけないことなんだ。スポーツ・フィッシングとして、ふつうの人はやっちゃダメ。ネイティブだから、サバイバルとして当時は許されてたんだけど、今はどうかな。とにかく、これはおもしろかったね。魚を罠に掛けちゃうんだから。

8月、9月は、カリブー（トナカイ）やムース（ヘラジカ）を追う、ハンティング・シーズンになる。

ネイティブだと優先的に捕れる場所があるんだよね。そこにトムと出かけていって、カリブーを捕って、ムースも捕って、それも冷凍庫にどんどん蓄えていく。

11月になって罠猟が解禁になると、連日、罠を掛けて一生懸命、動物を捕る。

トラップ・ラインをゆずり受ける

そうやって1年が過ぎていったんだけどね、そのうちにトムが腰を痛めた。罠を掛ける仕事は、屈んで膝をついてやらなくちゃなんないのに、それができなくなった。で、トムは、オレに「悪いけど、おまえ、トラップ・ラインに掛けてる、オレの罠を面倒みてくれ」って言ってきた。オレにとっては、願ってもないチャンスだったから、「ＯＫ！」、二つ返事で引き受けた。それからは、トムの縄張りを見まわって、オレのも見て、という日々が続いた。

トムの縄張りで捕れた動物は、ちゃんとトムのところに持っていって、革にして、乾かして、「はいよ」って渡したわけ。正直に、1頭もごまかさないで。これはトムの縄張りで捕れたもの、これはオレのって、きっちりやったんだ。それで、さらにトムから信用してもらったっていう感じだな。

その後も、トムの腰は悪くなる一方で、ついに罠をあきらめるしか、しょうがない状態になった。でね、トムが持ってる縄張り、トラップ・ラインをね、マッキンリー山（現在はデナリ山）の北側に広がる、オレにとっては考えられないくらい広大な土地（およそ30キロ四方）、トラップ・ラインで片道の全長150キロくらいのをオレにくれちゃったんだよね。「おまえ、やれ」ってね。

でも、トムの兄弟とか親戚が大勢いるから、問題になっちゃった。なんで日本人にくれてやるんだ、と。

そしたら、トムはこう、はっきり言ったんだって。「おまえらにやってもいいけど、おまえらは、酒飲みでぐうたらだから、トラップ・ラインなんか管理できっこない。だから、日本人のあいつにやったんだ。あいつのほうが、よっぽど働き者さ」。そしたらね、みんな納得してくれたって。

それからも、トムは、オレの働きぶりを見ていたね。オレは、毎年、きっちり縄張りに罠を掛けて、仕事してた。動物もたくさん捕った。シーズンのいちばん最初に捕れた獲物を、オレは必ずトムのところに持っていって、「はいっ」って、彼に渡した。その年によって、キツネだったり、ヤマネコだったりするけど。1980年代初めのそのころは、ヤマネコ1匹400ドルから500ドルしたから、たった1頭でも、トムはとっても喜んでくれたよ。

トムとの別れ

トムは、お酒をしこたま飲む人でね、生涯、アル中という感じで、1997年だったかな、心臓麻痺で亡くなっちゃった。もう年取っててね、寒い冬のあいだは、水もないキャビンでの生活はきついからって、ニナナの老人ホームに入ってた。これから冬が始まろうという時期だった。トムからは、毎日のように電話がかかってきてて、「タイヤを直してくれ」だとか、「そのうち、カリブー捕りに行こうぜ」とか、話してた矢先だったんだよね。で、それから数日後、自分の部屋で一人ワインを飲んでて、片手でアゴ肘ついた姿勢で、静かに逝っちゃった。

ネイティブの家族が死ぬと、村や町では「ポトラッチ」っていう盛大なお別れ会が開かれるんだ。遠くの親戚や友人まで集まって、だいたい3日3晩、この日のために撃ち取ってきたムースのスープをはじめ、ありとあらゆる料理を食べながら、ネイティブの歌を唄ったり踊ったりしながら、故人を偲ぶんだ。トムのときも、ニナナのネイティブの集会場で、盛大なポトラッチが行なわれたよ。

そのお別れ会が済んでから、クリアーから20マイル（36キロ）南に両親の墓があるんで、トムはそこに並んで埋められた。雪がちらついてたっけな。みんなして、シャベルで永久凍土を掘り下げて、大きな穴に棺を降ろして、埋葬が済むころには、カラスが一声、カーって鳴いたんだ。

そしたら、ニナナに住んでるトムの姉さんが——日本人のおばあさんみたいに小柄な人でね——、「あれは、トーミー（トムの愛称）だ」って、すかさず言ったっけ（カラスは、アメリカ北西部のネイティブから崇拝されており、いくつかのシンボルとしての意味を持つ。ここでは転生の意味）。

いやぁ、トムが死んだときは、さすがのオレも、**がっくりきたよ。**棺桶のなかから「あれやってくれ、これやってくれ」って、電話かかってくる夢を何度も見たね、**ハハハ、いやぁ、まいったね。**

第11話
クリアーの華やかなりし80年代

クリアーでのクマ騒ぎ

ここクリアーはね、昔、クマだらけだった。

ちょっと先に、クリアー空軍基地があるんだけどね、その基地が、昔はゴミとか捨てるときに、大きな砂利の穴を掘っておいて、そこにぼんぼん捨ててたわけ。で、ゴミの上に、今だったらまた土をかぶせて臭いが出ないようにするんだけどさ、そのころは、なんにもかぶせないで、そのままだった。そこへ、**ほらディナーだ！**って感じで、10頭ものクマが集まってゴミを食べにやってきてた。

クマは雑食でね、なーんでも食べる。銀紙でもプラスチックでも、モーター用のオイルでも、とーにかく、なんか食べ物の味がついていれば、なんでも口に入れちゃう。すごいもんだね。で、ぜったいに病気にならないんだからね。なぜかというと、ほら、肝臓にあれ、持ってる。解毒剤。〝熊の胆《い》〟っていうやつ。

そのおかげで、ぜったいに病気にならないんだ。

クリアーの自宅にあったトラベル・トレーラーの前で。（1987年頃）

腹いっぱいになると、そこでごろごろケンカしたり、また腹減ったら食べるって具合にね。で、食べるものがなくなると、そのへんに出てきて歩きまわった。だから、クマ見たいって言う人が、フェアバンクスからやってきたこともあるよ。オレの友だちが町から遊びに来たときも、ほんじゃ、クマでも見に行こうかって、観光気分で連れてった。

オレの古いキャビンの裏の鉄道線路に沿っていくと、ゴミ捨て場に突き当たる。だいたい50メートルぐらいまで、（クマに）近づけるんだ。車停めて待ってると、クマがてってこてってこ、鉄道の線路を渡って行ったり来たりしてる。きれいなクマの道ができてて、ゴミ捨て場につながってんの。「オー、クマだぁ」って、みんなびっくりしてる。さすがに十数頭近くのクマが集まって、わいわいケンカしてると、けっこううるさいんだよね。だから、ときどき基地の兵隊さんが来て、戦闘用のマシンガンていうの、あれ持ってきて、バラララーッ、バラララララーッて撃ってさ、退治してた。

だから、いくらクマに近づきたいっていっても、ゴミ捨て場のなかまでは行くことができなかった。行けば撃たれる可能性があるからね。なにせ、基地内のことだから。あるとき、思い切ってゴミ捨て場のなかまで入って見てみたら、なんとクマの頭蓋骨とか骨がごろごろしてた。

あんまりクマが、たくさん出たからかね、そのうち、ゴミを捨てたあとに、すぐ砂利とか土をかぶせちゃったから、集まるクマの数はだんだん減っていった。昔の写真とか見ると、基地の兵隊さんが、子グマを抱えて記念撮影してるのとか、よくあったけどね。親グマは殺しちゃったんだろうね。アラスカでは、野生動物とか野鳥は飼えないから、そういう子グマたちは、どうなっちゃったんだろうねぇ……。

クリアー・スカイ・ロッジの後ろに射撃場があって、その横は大きな空地になってて、オレたち、昔そ

[上]「クリアー・スカイ・ロッジ」の前で。左から一人目が、オーナーで友人のブルース。2人目が、イトー。(1970年代末頃)
[下]「クリアー・スカイ・ロッジ」のバーで、ダンスに興じるイトー。女性は、近所の人気者のハリーン。働き者で器用なイトーは、地元の人気者だった。

こでソフトボールの試合とか、バーベキューとか、よくやった。その端に、でかい鋼鉄で囲んだゴミ捨て場があった。

そのゴミ箱の中に、クマが入り込んで、なかでギャーギャー喧嘩して、ゴミがばんばん飛び散ってた。**すんごい！**で、その中の1匹がいちばん強くて、いちばんいいとこを食べてる。そいつがゴミ捨て場から出てくるとき、すごいよ、貫禄がある。ソフトボールの試合でワーワーやってるすぐ脇を、知らーん顔して歩き去ってくんだから、知らん顔して、ハハハ。

ヘルス・エンジェルスとの〝大戦争〟

だいたいクリアーのあたりに住んでる人は、家中に鉄砲がゴロゴロしてない家は、まずない。そのくらいみんな「武装」してるから、強盗とか泥棒とかは、ちょっと簡単に入れない。

ときどき、モーターサイクル（バイク）のギャングなんかが問題起こすと、たちまち地元の人がバーっと出て来て、**コレ**（引き金を引く動作）やるからね。当時は警察なんていないから、コレやるしかないんだよね。

ものすごい〝**大戦争**〟になったことがあるんだ。ハーレー乗ってるヘルス・エンジェルス（アメリカの暴走族）と、ヒーリーで石炭掘ってる炭坑労働者のあいだでね。

ある炭坑町に、アラスカ鉄道の駅があってね、駅前に大きなホテルがあった。そのホテルのバーが、ヘルス・エンジェルスたちのお気に入りになっちゃって、仲間をばんばん呼んで集まってた。ホテルを経営してる人は、おっかないから逃げちゃった。で、なりゆきでホテルを乗っ取っちゃった感じになったわけ。

「わー、フリーだぁ」ってね、占拠しちゃった。

　そしたら、地元は黙ってなかったね。たちまち撃ちあいになってさ、この**大射撃戦**で、ヘルス・エンジェルスが負けてね、逃げちゃった。いやぁ、このおかげでね、炭坑労働者の名が上がったんだ。

　ここのクリアー・スカイ・ロッジでも、ときどきケンカがあるね。

　あの〝大射激戦〟のあと、炭坑労働者の英雄たちが、数人飲みに来た。で、酔っ払って、がんがんオダあげてた。ところが、このへんに住んでたヒスパニック系の若い男がそれを見てて、おもしろくないわけだ。で、なんか、チャチャ入れたんだよね。そしたら炭坑労働者が頭に来て、**この野郎！**って始まっちゃったわけ。

　そしたら、その若い男が、カウボーイ・ブーツのなかに、ものすごいでかいナイフを隠し持ってたんだけど、それをバッと抜いて、一人ぶっ刺して、外に飛び出した。で、その足でフェアバンクスまで車でぶっ飛んでいって、そこから飛行機に飛び乗って、ロサンゼルスに逃げちゃった。早かった。警察が来たときには、もう飛行機に乗ってたんだから。

　この時は、刃物沙汰だったから問題になったけどさ、素手で殴りあうのなんか、もうケンカじゃないんだよね。みんな、もう**知らーん顔**してね、バタバタ床にひっくり返って、ぶんぶん殴りあってるのにさ、みんな知らーん顔してビール飲んでる。たまーに、ちらっと見てね、**あぁ、まだやってる**なってな感じ、ハハ。殴りあいは、見ててもぜんぜんおもしろくない。まぁね、そんなの、めったに起きないけどね、こんな田舎のバーでは。みんな顔見知りだからね。

クリアー・スカイ・ロッジは、コーヒーがフリー（タダ）なんだよね。あるとき、やっぱりヘルス・エンジェルスたちが、オートバイ、5、6台でバーッと飛ばしてきて、バーの前に並べて停まってね、コーヒーをがばがば飲んで、ひと休みしてから、アンカレッジの方へ行ったり、フェアバンクスへ帰ったりしてた。

その連中の一人が、いろんなテープ色のをぐるぐる巻きにした棒を、いつも肩からぶら下げてた。何回もこのバーに出入りしてるからね、そいつとかなり親しく口を利くようになってて、オレ、あるとき、聞いてみたんだ。

「いつも、棒みたいの持ってるけど、それ、何？」

「マシンガンだよ」

「えっ、ほんとにマシンガンか？」

「ほんとだ。オレが嘘つくわけねぇだろ。見てぇか？」って、弾を見せてくれた。弾がごろっごろ。

「なんで、そんなの持ってたんだ？」って聞いたらさ、「ビジネス」だって。

いやぁ、**不気味な人間がいるなぁ**って、そんとき、思ったね。

日本とは14年間、音信不通だった

日本にいたころの昔のオートバイ仲間が、数人、気にしてね、アラスカに電話かけてきた。電話ったって、今みたいに簡単にかけられる時代じゃなかったからね、70年から80年代の初めにはさ。

アラスカは、まだはるか遠ーくの国で、オレが生きてるんだか、死んでるんだか、いったい何やってるんだか、まったくわからなくて、ま、「行方不明」状態だったんだよね。で、友だちの一人が、そのころ無線通信のハムをやってて、それで捜しまわって、とうとうここ（クリアー）にいるのが、バレちゃったわけ、ハハハ。

とにかく、もう10年以上、夢中で、ハンティングだ、トラッピングだって、やってたからさ、あんまり日本に帰るとか、日本が恋しいとかっていうのがね、ホームシックになるとかさ、いっさいなかったんだよね。

あんまり日本のことを考えると、かえって良くないっていう気持ちもあったね、確かに、うん。その、なんていうかね、忘れようという気持ちがあったんじゃないかねぇ。自分のなかでさ、あぁ、日本に帰ってみてぇなっていう気持ちは、どっかにあるわけだ。それに対して、**忘れろ、忘れろ**っていうのがあったんじゃないかね。

自然と、手紙も書かなくなった。だんだんと遠ざかっていく。まるっきり最後には、親でさえ「どこにいるか知りません」ってな状態になっちゃった、ハハハハ。で、ついに、14年間も日本に帰らなかったんだなぁ。

最近は、かなり日本語しゃべってるね、うん。

ところが、4、5年くらい前までは、1年間、ほとんど日本語しゃべんないっていうこと、何回もあったな。いきなり目の前に日本人が現われてさ、「日本人ですぅ」なんて言うんだけど、3、4人まとまってしゃべったら、もぉー、なに言ってるんだかわからなかった。

ちょ、ちょっと待ってくださいって、感じで。英語だって、こんな人里離れたところに住んでたら、何とか聞き取れるようになるまで、そうねぇ、5年ぐらいかかるんじゃないかね。いろんなアクセントや方言があるから。早口の人もいるし。なに言ってるか、わかんない人、いっぱいいるからね、いまだに。

第12話 アラスカの友だちは、みんな変わり者

短気なトラッパー仲間のマイク

アラスカって言えば、**犬ぞりの本場**だけどね、じつは、オレもね、ほんの紙一重で犬ぞりやってたかもしれなかったんだ。

70年代も、もう終わりのころ、フェアバンクスからクリアーに移ってきて、さぁ、これから罠猟を始めようっていうときに、マイクっていう友だちができた。何百キロもある広い猟場のトラップ・ラインで、オレはこっちのルートからやるから、おまえはあっちルートからやってみるかって話になったんだ。

このマイクは、それまで犬ぞりで罠猟をやってたんだけど、犬たちを喰わしていくだけでも、たいへんだっていうんで、犬のチームを売っちゃったんだ。ほいで、「来年から、おれ、スノーモービルでやる」っていうことになった。で、オレも、そうか、もう犬売っちゃったんじゃ、しょうがないな。オレも、スノーモービル買うか、ってことになったわけ。

クリアーの仲間たちと“タンク”に乗ってムース・ハンティングへ（1984年）

一度、いっしょに猟場に出かけたことあるけどさ、とにかく、めっちゃくちゃ乱暴なんだなぁ、マイク。たとえば、川に張った氷の上を、ズーッと走ってるだろ、でも、氷の状態を読もうとしないんだ。ただ闇雲にぶっ飛んでく。**ドーーーーッ、ダダダッ**て、氷が段になっているとことかさ、おかまいなしにぶっ飛んでく。ちょっと回り道すれば、スムーズなとこに行けるのに、そっちを選ばない。

たとえば、川の上で、ちょっと凹んでて、凍ってない水面の上に雪が溜まってるとこあるだろ。そんなかへ、バーッと突っ込んじゃってさ、スノーモービルを沈めたりね。そんなこと、しょっちゅうだった。

また、雪の深みに、スノーモービルが突っ込んだりする。そしたら、マイクはスノーモービルから降りて、まず5回ぐらい、スノーモービルのボディを蹴っ飛ばすんだ。バカバカバカバカって蹴っ飛ばしながら、「ガッデム！」、「サナバ・ベッチ！」なんて、ひと通り悪態ついてから、やっと雪から掘り起こし始める。それも、せっせと掘り起こすって感じじゃないんだな。**グワーーーッ、ウワーーーンッ**て、やっちゃう。乱暴に引っ張り出したら、転がっちゃう。体がでかくて、力があるからね。ちっちゃいスノーモービルだったら、怒ってぶん投げちゃうよ。

いちばんびっくりしたのはさ、新しいスノーモービル買ったマイクと、さぁこれから行きますっていうときだった。あいつさ、いきなりフロントのウインドーを、ぶち壊したんだ。**バーーンッ！**て。びっくりして、

「おい、なんで、壊すんだよ？」って言ったら、

「こんなもん、いらねぇ」だって。

ま、わかるけどさ。年柄年中、転がってるからさ、斜面なんか、2、3回、回転させるくらい乱暴に乗

るからさ、ウインドーなんか邪魔なんだよね。だけどさ、まったくの新品、まだぜんぜん走ってなかったんだぜ。

で、壊れるよね。直さないんだ。ほったらかしにしておく。オレだったら、とにかく商売道具だからさ、今、3台スノーモービル持ってるけど、3台とも、いつでも乗れる状態になってるわけ。1台が壊れたら、すぐ乗り換えることができる。それだけじゃなくて、乗り換えて帰ってきたら、壊れたやつをほったらかすことができないんだな。もう、すぐ直さなくちゃ気がすまない。修理に手間がかかって、いいや、もうって、違うスノーモービル乗っても、なんか気持ち悪いんだよな。で、やっぱり直す。乗ってるより、直してる時間のほうが長くなる。（エンジンを）オーバーホールしたりするときもあるからね。

そんなわけで、マイクとほとんど同時にスノーモービル買ったのにさ、マイクはたったひと冬でめちゃくちゃにしちゃった。オレなんか、10年以上経っても、いまだに乗ってるっていうのにさ。マイクは、びっくりしてるよ。

「おまえね、どういう乗り方してるのか知んないけど、このスノーモービル、ひょっとして、オレと同じときに買ったやつ？」

「そうだよ」って言ったら、またまた、びっくり。で、オレもね、

「おまえね、どういう乗り方してるのか知んないけど、おまえみたいに、スノーモービルめちゃくちゃにする人間見たことないよ」って言ってやったよ、ハハハ。

短気なマイクなんだけど、なかなか手先は器用でね、地元では、ちょっとした芸術家なんだ。小型のトーテムポールとか、木の彫物なんかを、近くのお土産屋に置いたりしてる。1987年に、オレが14年

ぶりに日本に帰るってときさ、日本の友だちにって、オレが捕ったムースの角を、壁に掛けられるように上手にマウントしてくれた。

日本の人たちは、ムースなんて見たことないから、成田空港で税関に引っかかったり、みーんなに見られて、「なんですか、これ？　クマですか？」って聞かれたりしてさ、アハハ、クマだって。でかいから、友だちのとこまで運び込むのたいへんだったけど、友だち、とっても感激してたよ。

オレが結婚したとき、いちばん先にカミさんを紹介しに連れていったのも、マイクのとこだった。そのころ、マイクも結婚して落ち着いてて、クリアーから30キロぐらい南のフェリーっていうとこの川沿いに、手造りの家を建てて暮らしてた。

「土地はいっぱいあるから、おまえ、ここに家を建てろ」って言ってくれた。短気だけど、けっこう気持ちの大っきいところあるんだ、あいつって。

罠猟も下火になった90年代のある時期、何を血迷ったのか、マイクは、アフリカのリベリアに金を掘りに渡った。こっちからブルトーザーとか機械をいっぱい運んで、さぁ掘りましょうっていうときに、リベリアでごたごたが起きた。内戦。

弾がぶんぶん飛んでるなかを、命からがら帰ってきたのはいいんだけど、全財産投げ出して持ってった物が、ぜんぶパーになっちゃった。お金がなくて、生活するのも困って、ヒーリーでガソリンスタンドの店番やってたかなって思ってたら、今度は、なんかシャケの漁船に乗り組んでさ、またアフリカ行くつもりで資金稼ぎしてるよ。

片腕のフック

あいつは、右腕が途中からなかった。**ベトナムで、吹っ飛んじゃったんだ**。だから義肢を付けてたんだけど、手が鉄の鉤《かぎ》みたいな形してるから、みんな「フック」（鉤）って呼んでた。誰も、本当の名前なんか呼ばなかった。

あいつは、その〝フック〟を武器にして、気に入らないやつは、誰でもそれに引っかけて、やっつけちゃうわけ。

ある夏、あいつを含めた3人のワルが集まって、どっか釣りに行くことになって、たまたまクリアー・スカイ・ロッジのバーに立ち寄った。で、フックは、オレがこのへんに住んでることを思い出して、店の人に聞いたら、「あぁ、すぐそこに住んでるよ」って電話で呼び出されて、オレ、店に顔出しに行ったんだよね。

「やぁ、フック、どこに行くんだよ？」

「キング・サーモン、釣りに行くとこなんだ」なんて話しながら、再会を喜んだんだけど、彼は握手をしようと、そのフックをオレの前に突き出したんだ。フックの先は2つに分かれてて、自分で開閉できる。嫌いなやつとか、ケンカ相手には、ギューーーッて、ペンチみたいに挟みつけるわけ。

「**オゥ、カモン、握手しろ**」

オレがフックをつかんだら、ちゃんとやわらかく握り返してくれたよ。

そいつらが店を出ていったあと、バーテンダーが、

「おまえ、なんで、あの男知ってるんだよ」って聞くから、
「〝あの男〟って、知ってんの？　あいつのこと」
「知ってるなんてもんじゃないよ。あいつは、フェアバンクスのログ（悪党）のうちでも、ナンバーワンのログなんだ」

ハハハ。そういう悪いのと、オレ、パイプライン工事のブームのときに出会ってるんだ。

フックは、ベトナム戦争で腕を吹っ飛ばされて、なんとか生きて帰ってはきたけど、やっぱり、まともな商売とか仕事につけないから、バーの用心棒になった。ま、気の荒い男のうえに、性格も悪いんだよねぇ。なかでゴタゴタなんかあると、相手をぶっ飛ばして、引きずって放り出したりした。だから、人から恨みを買われて、ひどい目にも遭ってる。そのころ、いちばん商売繁盛してた「ベア・フェアー」っていう、でっかい店があった。そこで、ピストルで1回撃たれたし、ナイフでも切られた。ナイフで腹を切られたときなんかさ、もうハラワタが出てきちゃった、ぐにゃーと。で、救急車待ってるあいだに、自分でハラワタ集めて持ってて、ほんで助かったんだ。うん、今でも元気でやってるけど、**よく生き残ったなぁ**って思ったよ。

フックは、フェアバンクスの町はずれの山奥に住んでるらしい。彼もトラップをやるんだけど、ときたま町で会ったりすると、やっぱり、うれしそうにあの手を出してくるんだ、ハッハッハ。

器用なハンディマンだったブルース

ブルースは、80年代半ばまで、クリアー・スカイ・ロッジのオーナーだったんだ。器用なハンディマン（便利屋）でね、バーを持っていながら、近所の家造ったり、修理を買って出てやってた。

この男と、材木屋のオヤジとオレが、いつも集まっては、ロッジのバーをオフィス代わりにしてさ、カウンターでしょっちゅう打ち合わせしてた。朝8時に集合して、仕事に出かけて、昼に帰ってきて、みんなでハンバーガー食って、また仕事に出かけて、夕方、バーに帰ってきて、ビール1本飲んで、うちに帰っていく。そんなパターンだったね。

ブルースの店で焼くステーキの味に引き寄せられて、クマがしょっちゅう現われた。すると、ブルースが電話をかけてくるんだ。

「**ほら、セイジ**（イトーのこと）、**クマが出たぞ。来てくれよ**」

「オッケー」って、オレ、ライフル持ってくんだけど、オレはただライフル抱えて外に立っているだけで、クマを追っ払うのは、いつも素手のブルースだった。石をぶん投げたり、大きな音立てたりね。

「こんなことしてたら、あいつら戻ってきて、またゴミ箱ひっくり返したりしてめちゃくちゃにするから、殺したほうがいいよ」

「ノー、ノー、ノー、ノー、あんなの撃ってもしょうがない。トロフィーになるほど大きくもないし、夏だから毛並も悪くて毛皮にもなんないし、ゴミ喰ってるから、まずくて肉なんか食えたもんじゃないから、今撃つんじゃない」ってね、ぜんぜん撃たしてくれなかった。

ハンティングで撃つんだったらかまわないけどね、このへんに来たクマっていうのは、ガソリンスタンドやロッジや、少ないながらも人家があるからね、うっかりすると、とんでもないところに弾が飛んでいって、エライことになるって、ブルースはいつも言ってた。だから、オレがクマの用心棒になった感じ。

このブルース、あんまりいろんなことやりすぎて、バーのなかを掃除する暇もないくらい、忙しかった。それなのに、あまり人を使いたがらない。客は入ってるけどね、あんまりホコリだらけで汚いから、オレが朝8時前に行って、掃除するようになった。そしたら、バーがきれいになってね、ステーキを焼くグリルなんか油だらけだったのに、それもきれいにしてやったから、炭で焼くステーキもうまいわけだよ。

ステーキがぽんぽん売れるようになってね、ブルースが言うんだ。

「おまえね、オレがやってくれって頼んだわけじゃないけど、ありがとよ」って、いつも金くれようとするんだ。オレ、言ったよ。

「これね、趣味でやってるんだから。金くれたら、オレ、やる気なくなっちゃうから、やめてくれ」

困ったなぁってね、金の代わりにシャツ買ってくれたり、いろんな物くれたんだ、ハハ。

1985年ごろかな、ブルースが、バーを売って南の州に行くっていうとき、彼は1965年型かな、シボレーの古いトラックを1台、オレに置いてった。今じゃ、ブレーキもうまく効かないけど、このへんで、まだちょろちょろ乗ってるよ。

（ブルース・ハーデンは、2009年に、アラスカのベーリング海沿いのノーム近くで、自ら操縦していた小型飛行機が墜落して亡くなった）

日系人のカワテさん

クリアー・スカイのバーの隣りにね、「カワテ」っていう日系人が住んでた。親が、日本からハワイに渡った人だから、2世だね。オレよりちょっと若くて、まだ50歳ぐらい（当時）かな。

この人、独身でね、日本語ぜんぜん話せなかった。でも、まったく日本人の顔してるから、バーで飲んでると、ときどき、日本から来た旅行者に「あ、日本の人？」って声かけられるらしい。でも、ぜんぜん、わかんないわけ。

「オレ、まずいよな。ニホンゴ、しゃべれねぇから」って言ってたね。

隣り町のヒーリー炭坑で働いてたけど、趣味で小型飛行機を操縦する人で、自宅の裏手に飛行機を停めていて、天気がいいとき、ときどき乗ってた。日本から来たオレの友だちが、オオカミが見たいって言ったら、オオカミが出そうなところに、ガソリン代だけで気前よく飛んでくれたっけね。

彼の親は、日本食を食ってたから、ゴハンとかラーメンとか知ってるんだよね。ハワイから親が送ってきたのかさ、日本のラーメンが1箱残ってた。3つぐらい食べて、それきりになってたんだ。近くにトレーラー・ハウスをいくつか持ってて人に貸してたから、夏になると、屋根の修理や床の張替えなんか、よく修繕を頼まれたね。やっぱり日本人どうしだからかなぁ、オレのこと信用して、いっさいの仕事を任せてくれたんだ。

で、そのラーメン1箱、「やるよ」って、オレに差し出した。いったい、いつのかなぁと、半信半疑ながらも、ラーメンこさえて、ひと口、口にしたらさぁ、**まーずいのなんのって**。10年以上経ってたんじゃないの。スープがスープの味じゃなくて、しょうがないから犬にあげたんだけど、犬も喰わなかったもんね、ハハハ。そんな古いものを人にあげることに、あきれるっていうよりも、あいつ、賞味期限とかそういうこと、まったく知らないんだろうねぇ。

この前なんかね、「おーい、セイジ、おまえ、あの**タクワーン**、知ってるか?」「知ってるよ」って言ったら、見てくれって言うから、見に行った。真空パックになってる、一見、ふつうのタクワン。

「いつんだ?」、「知らねぇ、忘れた」、そのくらい前から冷蔵庫に入ってた。

「オレは、1本あればいいから、もう1本、おまえにやる」ってね、ジップロックのビニール袋に入れてくれたんだけど、**いやぁ、うまかった!** これは。

人殺しみたいな顔してた、同居人のバック

バックっていうのはね、クリアーの古くからの友だちでね、もとはミネソタからやってきたやつなんだ。彼の兄貴や姉さんやら、二人の子どもの家族なんか、みんなこのへんに住んでる。バックは一時、クリアー空軍基地に働いてたんだけど、今は、車の修理屋やりながら、なんとか暮らしてる。

オレたち家族が、古いキャビンを出ることになって、さて、どこへ行こうかなってことになったわけだ。で、バックに相談しにいった。バックは、ちょうど、ロチェスターズ・ロッジの隣りの家に、ケア・テイカー（管理人）として住んでて、あいつのいるところは地下室だから、上に住んだらどうかって、さっそ

［上］ムース・ハンティングに出かける仲間たち（１９９０年）。写真左がバック、手前で腕組みしているのは〝材木屋の親父〟マイロン。
［下］ニナナに住むエドモンド・ロード。日本人の血が入っている先住民（エスキモー）で、新田次郎『アラスカ物語』の主人公フランク安田の友人ジェイムズ・ミナノの孫。噛みタバコを口にしながら、ビーバーをさばいて焼いている（１９９２年春）。

くフロリダにいる家のオーナーに、電話で聞いてくれたんだ。

そもそも、そのオーナーのオヤジ、ビル・ラウンズが造った家で、酒飲みすぎて、造りかけのまま死んじゃったんだけどさ、やっぱり車のメカニックでね、そのオヤジと、バックとオレの3人で、よく車いじりながら、あぁでもないこうでもないって、やってた。そんな仲だったから、フロリダに引っ越してるオヤジの息子もさ、「あぁ、セイジなら、オヤジの家に住んでくれて、かえって助かる」って、オッケイもらった。

ただし、その家、住めるところはバックのいる地下だけで、1階と屋根裏は外壁と部屋割りぐらいしかできてなかったんだ、造りかけのまま死んじゃったから。でも、オレだったら、内装、自分でやって、勝手に住んでいいって言うんだよね。で、家賃も2年間タダでいいって、バックが交渉してくれたわけ。で、オレたちは同じ屋根の下で、しばらく同居人になったわけだ。ま、入口は別々だから、アパートみたいな感じだね。

そのバックの人相がさ、これまた悪くてね、人殺しみたいな顔してるんだ。最近は、あれでもいくらか人相よくなった、ハハハ。歯、直したからね。前は、すごかった。タバコばかばか吸うから、歯はヤニで真っ黒で、ものすごい！　そのうえ、車の修理で、いつも車の下にもぐってるから油だらけ、真っ黒けになっちゃってるから、怖いくらい。日本から訪ねてきた青年が、家の前でバックとすれ違ったときさ、「あの人、怖いですねぇ。ハーイって、あいさつしたら、ニヤッて笑った」って言うんだよね、ハハハ、あの真っ黒の顔と歯でね。

バックの兄、レスが射止めたムースに乗っかって、イトーと二人で笑顔の記念写真（1987 年）。レスとバック兄弟のマートンソン一家は、ほかに姉（全 9 姉妹兄弟）や家族らが、ミネソタ州から引っ越してきた。冬の厳しさが似ているせいか、ミネソタからの移住者は多い。レスは，1960 年頃にクリアー空軍基地のレーダー関係の仕事を得て、クリアーに定住。レスとバック兄弟は、イトーにとって良き隣人であり、ムース・ハンティング仲間で、華やかりし 80 年代のクリアーをエンジョイしていた。

あの人相のおかげでね、麻薬を売ってる悪いやつを、地元から追放したことがあった。

クリアーの近くにアンダーソンっていう、ちっちゃい町があるんだけど、そこにある男が帰ってきた。家族が住んでたから。で、そいつが、じつは悪い男で、マリファナとかほかの麻薬を持ち込んで、学校の子どもらなんかに押し付けて、売ってたわけ。

押し付けられた一人が、バックのいとこか、甥っ子かなんかで、それがわかったから、もうたいへん。この近くに住んでるバックの兄貴と二人で、いっしょに出かけていって、男の家んなかに踏み込んだ。で、その男を捕まえて、車ん中に積み込んで、ニナナのそばを流れてる川まで連れてって、撃ち殺して、ぶん投げちゃうつもりだった。

男の首を引っつかんで、バックが、こう言ったらしいんだな。

「おまえね。オレたち、これから何するか、わかってるだろうな」。そしたら、

「わかってる。もう二度としない」って謝った。

「おまえね。今回だけは、これで許してやる。だけど、もし今度、おまえの顔見たら、それこそ最後だ。おまえの頭ぶち抜いて、このニナナのどろどろの川に、ぶん投げてやるからな」

その男は、完全にそこで殺されるなって思ったわけ。で、そいつは覚悟を決めて、その日のうちに町から逃げ出して、それっきり姿見せてない。バックのあの顔が幅を効かしてたころは、おかげで麻薬密売がなかった、ハハハハ。

バックは、地下で、ブタネコのキムといっしょに住んでたんだけどね、ものすごいヘビースモーカーで、ヒーターの排気口から、タバコの匂いが、オレたちが住んでる上の部屋まで漂ってきた。クリアー・スカ

イで飲んで帰ってくると、ステレオから、かけっぱなしのカントリー・ミュージックが、ひと晩中、床から ズンズカ響いて伝わってくる。排気口から漂ってくるのは、タバコの煙だけじゃなかったよね。夜中、油で何か料理してるんだけど、そのすんごい臭いまで上に昇ってくるんだ。フライド・チキンかなんかの。その油は、鍋にもう数年間入れっぱなしみたいな、ドロドロの、すんごいの。オレ、言ったことあるんだよね。

「フライに使うオイルってのは、フレッシュじゃなくちゃ、ダメだぞ。古くなったオイルってのは、毒だぜ、ポイズンだ」って。そしたらバック、

「アイ・ドン・ケア。知ったこっちゃない」だって、ハハハハ。

娘がかわいそう？　カターラのチャーリー

アラスカ東南部のコルドバっていう、陸の孤島みたいな漁村に、チャーリーっていう男が住んでる。

この男、昔はハンティング・ガイドやってたんだ。大藪春彦っていう名前の作家の人が、ずいぶん前にアラスカに来たとき、彼がガイドをやったんだ。オレ、ぜんぜん知らなかったんだけど、大藪春彦っていう人の本のなかに、オレたちがハンティングのベース・キャンプにしてる場所のこと書いてあるって聞いて、ずーっと読んでったら、「チャーリー」っていう名前が出てきたんだよね。で、チャーリーは、オレたちのキャンプのケア・テイカー（留守番）やってたんだ。

「チャーリー、あんた、日本人をガイドしたことあるか？」って聞いたらね、「ある」って言う。で、「なんてやつだった？」って聞いたら、「ヤブ、オオヤブだ」ってね。で、ナイフを見せてくれた。オオヤ

ブっていう人といっしょに来た、ナイフ職人が作ったホーム・メイドのナイフ。それを後生大切に持ってた。

チャーリーはね、片目を悪くして、そのうち完全に右目が見えなくなっちゃって、そんでガイドを辞めた。それでも、飛行機を操縦してるんだよね。そう、ブッシュ・パイロット。

「おまえね、片目で飛行機飛んでるのか?」って聞いたら、「あぁ、そうだ」って仏頂面して答えるんだ。

町からずっと離れた山んなかに、昔、材木の切り出しをしてた製材所があったんだよね。今はつぶれちゃってないけど、何軒か残ってるキャビンがあって、そのうちの一つの小屋に、家族と一緒に住んでる。

オレ、カターラのキャンプで、ひと冬、留守番に行ったことがある(第13話を参照)。たった一人、無人のアラスカ湾沿岸の森んなかで、罠猟やって過ごしてた。

そんとき、チャーリーが心配してね、スキーを付けた小型飛行機で、クリスマスの時とかね、ワーッて砂浜に降りてきてね、新鮮な果物とか、奥さんが作ったクッキーとか持ってきてくれた。オレが猟に出かけてていないときは、ダンボールの箱に入れて、小屋の前に置いていった。

このチャーリーってのは、かなり人間ばなれした男でね、誰が何を聞いても、しゃべりたくない時は、ぜったいにしゃべんない、そんな男だった。

チャーリーが、キャンプの留守番をやってるとき、キッチンで、ボスのジムとチャーリーが座ってるんだけど、どっちが偉いんだか見当がつかない。留守番人のチャーリーが、リクライニング・チェアーにドカーンと座って足伸ばして、ふんぞりかえってるそばで、ボスは木のイスにちょこんと座ってるんだ。で、ボスが、チャーリーに何かしゃべってるんだけど、チャーリーはうんともすんとも言わない。ハハハ、そういうやつ。

このカタ－ラのあたりって、しょっちゅう地震がある。一度ね、どっかアリューシャン列島の方で、大地震があった。ラジオがものすごく怒鳴り立てて「大津波が起きるから、海岸線にいる人は、ただちに非難しろ」って言うわけ。そのとき、オレたち、ベース・キャンプから、とんでもなく離れた海岸で、クマを撃ってた。いきなり飛行機が飛んできて、「とにかく、大至急、引き上げろ！」って言うんだよね。

「引き上げろって、いったいどう言うことだ？」

「大津波が来るぞ！　とにかく高い山の上に登るんだ！」

山の上に登れったって、そこは断崖絶壁みたいなとこだから、登れるわけがない。ま、とにかく少しでも高いとこに登って、待ってたんだよね。そしたら、また飛行機が来た。

「津波が来るまで、まだ時間があるから、スリー・ホイール（3輪バギー）をまわすから、それに乗って帰ってこい」

で、山を降りて、海岸に飛んでいって、スリー・ホイールに乗って、キャンプに帰ったんだ。みんな、ドタバタドタバタ、物を片付けたり大騒ぎしてる。

ところがチャーリーってのはね、海岸の砂浜に座ってさ、双眼鏡でじっと海を見てる。横に置いたラジオを聞きながらね。まわりじゃ、飛行機にガソリン入れたり、スリー・ホイールを木に結わえ付けたり、大騒ぎしてるってのにさ、ハハハ。チャーリーは、砂浜に座ったまま。

「ヘイ、チャーリー、津波来るか?」って聞いたらね、「アイ・ドント・スィンク・ソー」(来ねえだろ)、双眼鏡で海見つめたまんま、ぶっきらぼうに言い捨てた。うん、たしかにね、津波は来なかったよ。

なんか、すんごい人間ばなれしてる男でね、とにかく、顔が人間ばなれしてる。人間とは思えない顔してる。そのチャーリーにさ、偶然、女の子が生まれちゃった。みんなが言うことは、「あぁ、かわいそうだな」、ハッハッハ。赤ん坊の写真も見ないうちに、「かわいそうだ」ってね。

ほんと、スゲエ、かわいそう。**父親そっくり!** 言葉もなかったよ。

第13話
無人地帯に、8か月間一人暮らし

無人地帯のカターラで（1987-88年）

前は海、後ろは山、無線もとどかない

東南部のアラスカ湾に面したところに、カターラっていう場所があるんだ。100年くらい前には油田が発掘されたところで、鉄道まで通っていたっていうオイル・タウンだった。今は、ハンティングの時期にハンターたちが来て、ちょろっとキャンプを使うだけで、ケア・テイカー（留守番）を除いては、ふだんは誰も住んでない。コルドバっていう〝漁村〟から小型飛行機で来るほかは、足がないんだな。

前は海、後ろは山。無線も、この立ちはだかるような山のおかげで、さえぎられちゃう。ワイルドな箱庭みたいなとこなんだけどね、米さえあれば天国なんだ、オレにとっては。

そこのハンティング・キャンプで、8か月間、留守番したことがある。小さなカビ臭いキャビンで暮らした。キャンプ内には、わざわざ小型飛行機で運んできた、自家発電機やボートや3輪バギー（当時）とか、ハンティングに必要な道具がいっさい置いてある。留守番がいないと、こんなヘンピなとこにも泥棒がやってきて持ってかれちゃうから、困るわけ。

1987年、ムース・ハンティングが終わった、その年の10月だったね、「おまえがやってくれなきゃ、誰もいない。頼むよ」って、ボスのジムさんに泣きつかれてね、ま、オレも好きな場所だから、ひと冬、そこで過ごすことにしたんだ。で、「じゃぁな」って、みんな飛行機で去っていって、オレ一人、残ったわけ。その前の年に、あれよって感じで、結婚してね、その年、14年ぶりに日本に帰ってきて、両親にも再会して、七夕に生まれた長女の顔も拝んできた。家族は、当分、日本にいるわけだから心配ない。オレは、この野生の天国で罠猟に没頭することにしたんだ。

太陽が出る日なんて、月に1日か2日

カターラっていう所は、**とーにかく、天気が悪い**。太陽が出る日なんて、1か月に1日か2日あれば、いいほう。曇り、雪、氷雨、強風の連続でさ、1日中、太陽が出てるってことは、**まず、ない**。太平洋のほうから上がってきた低気圧が、そのへんに来て、アラスカ南部にドーッと広がってるチュガッチ山脈にぶつかって、停滞するわけ。1つじゃないよ。2つ、3つの低気圧が集まって、カターラの近辺の海上で**ぐるぐる**回ってるんだ。

風ったってさ、ふつうの風じゃない。カンジキ履いて、雪の上を歩いてると、びーびー吹いてる風をまともに受けて押し戻されちゃう。転がされちゃうんだ。風と雨と雪が同時に来たら、開けた場所には、ぜったいに出られなかった。だから、木のあるところに罠をかけてたね。開けたところには、オオカミや

森の中央にあるのが、８か月間を一人で過ごしたハンティング・キャンプ。

コヨーテが来るから、踏んばって罠掛けてたけど、あきらめたよ。

森のなかで捕れるのは、おもにテン（マートン）。ときどきコヨーテが入って、カワウソもけっこう捕れた。陸の上を歩くからね。カワウソったって、日本で見るような、ちっちゃいカワウソじゃなくてさ、ものすごいでっかいやつ、アザラシくらいデカいんだ。化物みたいだよ。もーのすごい歯で、獰猛《どうもう》なんだ。いつも群れをなしててさ、水から水へ家族で移動してる。たとえば、ちっちゃい池に100匹魚がいて、5匹のカワウソがいるとするだろ。あいつら、喰いたいだけ喰って、あとはぜんぶ殺しちゃう。トラウトとか、グレイリング（カワヒメマス）とか、とにかく、あいつが入ってきたら、みんないなくなっちゃう。ものすごい害獣なんだ。だから、罠で捕りがいがあるんだけどさ、捕りきれるもんじゃない。カワウソの毛皮なんて、バカみたいに安いからさ、誰も本気になって捕らないから、増えるばっかりでさ。

アラスカ内陸部のクリアーみたいに、カターラはマイナス40度まで下がることはないね。せいぜい下がっても、そうね、マイナス5度ぐらい。だけど、さっきも言ったけど、風が台風なみに強いわけ。ダウンパーカ着て、ダウンのベスト着て、ダウンの下着も付けてるのにさ、それでも寒い。いても立ってもいらんないくらい。小型飛行機なんかさ、開けたところにつないでおくと、引っくり返っちゃう。ロープがちぎれて、ぶっ飛んじゃうんだ。

そんなに風が強いところだってこと知らない人が、たまにハンティングでやってくる。で、飛行機を**パーン**って風にやられちゃうんだ。

カヌーなんか、海岸の高いところに逆さまにして、ロープで流木につないでおくだろ。風が来ると、カヌーがあっち行ったり、こっち行ったりして、しまいにはロープが切れてなくなっちゃう。見つからないんだ。カナディアンの、でっかいカヌーがだよ。

1987年10月～翌年5月の8か月間、豪雪の無人地帯のカターラで、たった一人でハンティング・キャンプに滞在。カワウソ、テン、グズリなどの罠猟を続けた。食料などは、月に1回ほど、天気がよい日に、友人チャーリーがコルドバから小型飛行機で砂浜（下の写真）に届けてくれた。

たまーに、**雪が静かーに**降るときがあるんだ。めずらしく風もない。雪が、**しんしんしんしん降り続けてさ**、キャビンの軒下まで積もってさ、恐ろしい感じだよ、ハハ。屋根が落っこちてくるんじゃないかって、心配してね、ハッハッハ。

次の日、雪がやんだなと思うと、こんどは風がスタートしてさ、**ビィエエエッ!**と来るじゃん。と、積もった雪が、低いところへ、低いところへと動いていくんだ、トグロ巻いてさ。風の芸術っていうか、雪の芸術っていうかさ、不思議な光景を目にすることがあるよ。

カターラに、巨大地震が来た!

風と雨に加えてさ、カターラは地震が多いんだ。アンカレッジからアリューシャン列島にかけて火山帯だからさ、年がら年中、地震が起きてる。真っ暗闇で、嵐が吹き荒れてる真夜中に、**グーラグラグラグラグラーー**ってくるとさ、もう生きた心地しないよぉ、**ハハハ**。

オレがカターラで留守番してるとき、12月に入って、大きな地震が二つもあった。マグニチュード7ぐらいだったかな。バケツの水はみんな飛び出すし、棚からは缶詰が**ガラガラガラガラー**って落っこちてくる。プッとラジオをつけるとさ——陸からは電波が通じないけど、500キロくらい離れた海の向こうのコディアック島の放送が入るんだ——、津波警報が出ててさ「**逃げろ、逃げろ、逃げろ、逃げろ、逃げろぉっ……**」って怒鳴ってる。こっちは逃げようがない、ハハ。山へ逃げても死ぬし、海へ逃げても死ぬんなら、しょうがねぇ、このキャビンのなかで死ぬかって、じっとしてたら、そのうち津波警報が解除になった。このときは、さすがに海の怖さが身にしみたよ。コディアック島には被害が出たね。人は死ななかったけど、漁船とか網が流されたって。震源は海上百数十キロだった。次の日、コーストガード（沿岸警備隊）のヘリコプターが、「大丈夫か？」って飛んできたよ。

一つだけ避難する場所を作ったんだ。キャビンの近くに、でっかい木があるからさ、屋根を伝ってひょいひょい登れるように足場を造っといた。木の上にいれば、津波とまでいかなくても、水かさが増えたくらいなら、たとえキャビンが水没しても、ま、濡れないですむと。気休めの場所だね。大津波が来れば、一発で、どーんと押し流されちゃうけどさ。**だーっ**と引っくり返って、そんでおしまいさ、ハハハ。

よくあるよ。ハンティングしてると地震が起きてさ、仲間の飛行機がブーンと飛んできて「津波警報が出たから、おまえら、山に登れ」ってさ。しょうがねぇ、ハンティング止めて、山に登って待ってる、ずーっと。で、数時間すると、また飛行機が来てさ、「津波警報が解除された」っていうから、山降りて、またハンティングを続けるんだ。

1964年のアンカレッジの大地震で、カタールラあたりは2メートル近く地面が盛り上がったんだ。今まで海だった所が、陸地になっちゃった。それが、またいつ動いて、ワッといくかわからない。今、その力を貯めてる状態で、そのうちでかいのが来るんじゃないの。

雪で視界ゼロで、飛行機の音だけが……

おもしろいことあるよ、そういうとこに住んでるとさ。飛行機が不時着したこともある。

3月の初めごろだったかな、あれは。いきなり雪が降り始めた、あっという間にさ。そのくらい天気が変わるのが早いんだ、ここは。もう、先が見えないくらい雪が降ってる白い闇の向こうから、飛行機の音だけが聴こえてくるんだ、**ブーーン**ってね。飛行機からは、完全に何にも見えなくなってる。だけど、パイロットは、視界がきかなくなる直前に海岸を目にしてたから、そこまでUターンして降りようとしてるんだ。**ダーッツッ**て水面に降りると、**ガーーッ**と海岸に向かって、無理やりハンティング・キャンプの飛行場――といってもただの砂地――に、たどり着いた。何も見えない状態で、なんとか着地したんだ。「あと10秒かそこいら、遅かったら、おれは、もうダメだったな」って、降りてきたパイロット言ったよ。とにかく助かったってんで、飛行機をがんじがらめに結わいてから、そいつをキャビンに呼んで、オレ、飯作って食わしてやって、ひと晩泊めたんだ。

で、次の朝、雪がやんで、嵐もおさまったら、さっそくコーストガードとかの飛行機が、ブーンブン飛んできて、このパイロットを捜してるんだ。彼が飛行機に乗っていたときは交信できたんだけど、陸地に降りてからは、山にはばまれて交信できなくなっていた。みんな、この山のどこかに**落っこちたな**って思ってたんだ。パイロットはあわてて飛び起きて、自分の飛行機に走っていってさ、無線をつかんで「おれは、ここにいる。大丈夫だ！」って応答してた。

日本にいるときも、オレは山に登ってたんで、天気にはかなり神経使ってたけどさ、それほど大自然の脅威とかいうのは感じなかった。ま、ときどき雪崩で死んだりすると、あぁ、かわいそうに、と思ったけどね。で、アラスカに来てさ、あんまり人間がコロコロッて死んでっちゃうんでさ、これはちょっと考え直さなけりゃいけねぇなってさ。すごいな、**やっぱり自然っていうのはすごいもん**だって……。

ほんとうに、アラスカに来て初めて、大自然の恐怖っていうのを感じたよ。

オレの弟子になりたかったケン

コラム

もう、3年越しに来てるかなぁ（1990年当時）。**とーにかくアラスカ**、アラスカで、今年もアラスカに来てるけど、「おまえぇ、少し考えたほうがいいよ」って言ったんだよね。

「これから先、アラスカは山男じゃ住めない。暮らしていけないんだから」ってね。

最初、オレと家族のドキュメンタリー番組を日本のテレビで見てね、アラスカへぜったい行って、そこで罠猟の修業をしたいと思いついたらしいんだよね。ほんで、ハンティングの仕事が終わってコルドバから引き上げてきたとき、アンカレッジに来ていたケンと、初めて会った。まだ、20歳前だったかな。で、いろいろ話したんだけどさ、言ったんだよね。

「これから先、アラスカはね、**どんどんどんどん**厳しくなって、ハンティングとか、罠猟だけでは暮らしていけないから、弟子になりたいって言われても、とてもじゃないけど、あんたの面倒は見きれない。日本へ帰れ」。それに、

「永住権は、すぐに取ろうとしても取れねぇから、いったん日本に帰って、学校行くなり、なんか勉強しろ」ってね。いちばんいいのは、魚屋さん（漁業関係の会社）に就職して、イクラ作りみたいな特殊な技術を身につけて、そんで帰ってこい、って言ったんだ。

「3年でも4年でも、勉強して来い。ぜったい無駄になんないから」ってね。

でも、ま、せっかく来てくれたんだし、かわいそうになってね、「とにかく、今年は時間がないから、もし、まだやる気があったら、来年の夏に出直して来い」って言ったんだ。

そしたらね、夏に来たんだよ、うん。どうしてもあきらめきれないって。「じゃぁ、オレのボスに話して、ハンティング・キャンプの見習いからはじめよう」ってことになった。そしたら、ボスのジムが、あぁ、いいよ、使ってやるよって。そいで、他のクルーと一緒に、8月初め、北極圏のブルックス山脈のカリブー猟に出かけていった。ところが、ハンター父子を乗せたジムの飛行機が事故になっちゃって、死んじゃった、3人とも。ブルックス山脈で待ってたケンは、しょっぱなから空ぶりになっちゃったわけだ。

若かったしね、やる気満々でアラスカにやってきたのに、最初っからショッキングなことがあって、ちょっとかわいそうだったけど、ジムの相棒のブッチっていう、もう一人のボスに頼んで、コルドバのムース・ハンティングに連れて行ってもらった。そこはね、**そーれこそ、**天候の悪いところでね、年がら年中、雨嵐。ヘビーなカッパ着てても、体に雨が染み透ってくる、横殴りの雨が降るようなところなんだ。

そいでもって風が強いから、**もーのすごい寒い**。で、ハンティングで、でっかい角を持ったオスのムースを撃ったあと、何人かで手分けして肉を背中に担いでキャンプに戻るわけだけど、肉担いで歩いてるぶんには問題ないんだけどさ、ひと休みしたりすると、もうちょっと、たいへんなことになる。寒くて震えてくるんだよね。そういう経験をさんざんしたら、ま、たいがい、あきらめるだろうと思ってたんだけどねぇ、あいつは担げば担ぐほどねぇ、「イトーさん、もうひとつください」。オレの倍ぐらい担いで歩いてんだよね。で、休むときも、立って休んでる。**あの野郎っ……**って思ったね、ハハハ。なっかなか根性ある男だったねぇ。

（ケンは、永住権が取れないため断念して帰国、その後、北海道ニセコのアンヌプリ・スキー場に、ピッツェリア「デルソーレ」を開店しました）

第14話

空に消えた、はかないブッシュ・パイロットたち

とにかくアラスカは、なんていうか、その、事故で死ぬ人が多いね。とくに小型飛行機の事故ってのは、軒並みある。何十年も飛行の経験があったって、そんなこと関係ない。1回、1回が、勝負だからさ。こういうワイルドネスに関わっている人は、入れ替わりが激しいもんだよ。

つい、このあいだも、一人死んだよ。それこそ、もう何十年も経験のある、アラスカでは名の知れたガイドがさ、デナリ国立公園辺りの山ん中でね。デナリのワイルダネス・ロッジを経営していて、すごいビジネスがうまくいってたのに、コロッと死んじゃった。フフ、飛行機乗りってのは、はかないもんだよ。

テリー――「アラスカ」が、ぴたりとキマル男だった

いちばん最初、オレがハンティングの仕事に関わったのは、フェアバンクスでだった。若い青年だったけど、やり手でね、飛行機、2つ持ってて、相棒と一緒にハンティングの仕事やってた。

ブルックス山脈を越えた北極圏ノーススロープで、イトーのガイドでハンターが射止めたカリブーの角を背負って、飛行機に乗り込む（1987年）

1970年代の石油パイプライン・ブームのころだったからね、猟期じゃないときは、その当時でも時給50ドルぐらい取れるいい仕事があった。それが、東南部のバルディーズっていうところにあるっていうんで、雪がバラバラ降ってる10月25日、フェアバンクスから相棒と二人で「スーパーカブ」に乗って飛んでったわけ。……そのまま帰ってこなかった。トルキートナで飛行機が落っこちて、2人とも即死しちゃったんだ。

朝の8時ごろ、出かけて行ったんだよね。で、オレたち〝クラブ・トーキョー〟（第9話参照）のみんなが、あ、行ったな、大丈夫かな、雪が降ってるし、なんて話してたんだ。そしたら夕方5時ごろ、警察から、店に電話があって、

「こういう、名前の男知ってるか？」

「やぁ、知ってますよ。どうして？」って聞いたら、

「じつは、飛行機が墜落したんだけど、生きてるか、死んでるか、まだわかんない。ただ、あんたとこの名刺を持ってたんで、電話してみた」

……それから、2時間ぐらいしてからかな。二人とも即死だったってことがわかった。

25歳のテリーと22歳トム。二人とも、パイロットだった。25歳のほうは、テリーっていうんだけどね、クラブ・トーキョーのレストランの娘の一人と婚約してた。彼の父親は、フェアバンクスで大きな金鉱を持ってる人で、パイロットなんかやんなくても、好きなことやって暮らしていける人なんだな。だけど、アラスカで何が生き甲斐かっていうと、ブッシュ・パイロット（原野に離着陸できる小型飛行機のパイロット）、そしてハンティング・ガイド、この二つなんだ。

彼、ブルックス山脈のほうに猟場を持ってたからね、この人と最初に組んで仕事したわけ。で、ありとあらゆるプログラムを組んで、オレとおまえとトムとの三人で、こういうところにこんなキャビンを造って、おまえはそのキャビンに住んで、おまえの好きなように冬は罠猟やってかまわないと。で、オレたち三人で、ハンティングのビジネスを広げてくって、もう、そこまで夢が広がってたわけ。だからさ、なにも1時間50ドルの仕事とってきてさ、無理にバルディーズまで行って稼がなくても、よかったんだけどさ。父親の紹介で、ハンティングも終わったし、「じゃ、冬になる前に、ひと稼ぎ行ってくるか」っていうことになって、たまたま出かけていったんだよね。

テリーっていうこの青年は、オレがアラスカに来て、初めて会った、なんていうのかな、**アラスカにぴったり**の男だった。もう雰囲気から何からもう、日本の昔のヤクザみたいな性格の人。こんなアメリカ人がいたのかと思うような人だった。それからずいぶんたって、いーろんな、それこそ「アラスカ」の生まれ変わりみたいなやつに、何人にも出会ったけどさ、あれほどの男に会ったことないもんね、うん。

テリーって、不思議な魅力を持ってたね。彼と一緒に、スーパーカブに乗っていくだろ。たとえば、ふつうだったら、石がゴロゴロしてて、飛行機なんか降りれないようなとこがあっても、何回も何回も20回ぐらい飛んでね、ついに着地したんだ。

ブッシュ・パイロットは、どこかに降りるとき、**ものすごい**神経を使うんだ。去年はここに降りたけど、今年は降りられるかどうかわかんない。でも、行ってみようか、ってことになって、行くだろ。低空でさ、地面スレスレにさ、ダーッて、もう何回も何っ回も納得いくまでさ、調べて、変わったとこないか調べてさ、砂が軟かくねぇかと疑ったら、タイヤをパッとつけて、また上げて確かめたり、とにかく、なんかさ、んかってさ、20回ぐらい上空から見てからさ、ようやく、ズーっと降りていく。

「あそこに、降りるぞ」

「オッケイ！」

彼の場合、オレ、**ぜーんぜん**、心配なかったもんね。今、もっといい飛行機で、もっと腕のいいベテラン・パイロットが「あそこへ降りる」って言っても、オレ、**いやだ**って言うと思うよ。うん、**とにかく不思議な男**だった。

そんな男だっただけに、あのときばっかりは、さすがのオレも、目の前が真っ暗になった。よっぽど、日本に帰ろうかなぁ、って落ち込んだよ。そういうふうに思ったのは、そんときが、最初で最後だった。


この飛行機事故には、後日談があるんだ。

トルキートナまで飛んできたら、飛行機がおかしくなって、パークス・ハイウェイに緊急着陸しようとした。だけど、雪がものすごく降ってて、視界がほとんど利かなかったんだって。ハイウェイめがけて、すれすれに降りてきたら、大型トラックが近づいていて、正面衝突しそうになった。ワッって言って、大型トラックを避けようとして、機首を上げたときには、もう失速してて、で、もう、飛べる状態じゃなくて、横滑りして、そのまんま、でかい木に突っ込んじゃった。

その拍子に、後ろに積んであった予備のガソリンの缶が、ズドーンとぶち抜けて、後ろの座席に座っていた人は、背中をめちゃくちゃに砕かれて、で、前の人は、首の骨が完全に折れちゃった。まぁ、なんて言うのかな。ついてねぇんだろうなぁ。ふつうだったら、らくーにハイウェイ降りられたんだからね。

そのとき、正面衝突しそうになったトラックのドライバーに、10年以上も経ってから、偶然に出会ったんだ。隣りにあるロチェスターズ・ロッジのジムとビキシーっていうのが、フェアバンクスの友だちと一緒に、牛1頭買ったときだった。その牛を解体するのに手伝ってくれって頼まれた。そんで、11月の雪がものすごい降ってる日に、フェアバンクスのその友だちの家に行って、ガレージのなかで解体してたら、そこへ近所の人が、様子を見に来たわけ。

「おまえ、手つきいいなぁ。ブッチャー（肉屋）か？」

「ノー、ノー、ハンティング・ガイドだよ。ムースを何頭も切ってるんだよ」

「あぁ、そうか」なんて、いろんな話してて、で、ハンティングのガイドの話が出て、

「オレのいちばん最初のハンティング・ガイドの友だちは、トルキートナで飛行機事故を起こして死んだんだ」って言ったんだ。そしたら、

「オー、知ってるよぉ。そんとき、ぶつかりそうになったトラック・ドライバーは、オレだったんだ」

そんで、それから、くわーしく、どういうふうにぶつかりそうになったかとか、どういうふうに落っこちたかとか、詳しく聞いてさ……。いやぁ、とにかく、なんて言うのかなぁ。このオヤジさん言ってたよ。

「いきなり、目の前に飛行機が現われたんで、びっくりしたぁ」って。


パイロットのうちの一人は、スミス&ウェッソン357マグナムっていう、ピストルをいつも持ってたんだ。事故のときに、それが見つからなかった。ウインチェスターのライフルは、衝突で曲がりくねっちゃったのがあったけど、ピストルのほうは、いくら捜してもなかった。ま、雪が降ってたし、ぶつかった瞬間に、どっかにすっ飛んじゃったんだろうってことになったわけ。ところがさ、5、6年経ったら、フェアバンクスで、誰かがホールドアップ（強盗事件）で捕まったわけ。その強盗に使ったのが、トルキートナでなくなったはずの、この拳銃だった。

警察が、「なぜ、この拳銃を、おまえが持ってるんだ?」って問い詰めたら、「これは、アンカレッジの誰それから買ったんだ」って言った。

そんで、警察がそいつを捕まえて、「おまえ、この拳銃どうしたんだ?」って聞いたら、「トルキートナで、飛行機が事故を起こしたときに、拾ったんだ」って白状した。

ぐるっとまわって、帰って来たわけさ。

スベリー——こいつの右に出る者はいなかった

いいパイロットっていうのは、どんなに条件が悪くても、うまく操縦をもっていく。**リラーックス**してるんだよね。指2本で、ハンドルを軽ーく持ってる感じ。オレたち、ときどき乗ってね、ハンドル持たされるんだよね。「リラックスしろ」っていうから、そうやる。すると、風が**パーッ**と来てさ、ふわ〜んってね。で、**ギュッ**とハンドルきつく握ると、まっすぐやってるつもりでも、コースから外れちゃうんだよね。コンパス見ると、だんだん違う方向に行っちゃってる。

「おまえね、こっちに、それちゃってるよ」って言われてね、ハハ。飛行機をリラックスしながら操縦するってのは、なかなか難しいもんなんだ、っていうのがわかった。

また、あるときは、横風がすごい強いときがある。飛行機がタラーッと降りてきて、滑走路に向けようとしてるんだけど、**ビューンビュンと吹いてる風**に逆らってるから、ケツが流されて飛行機が横になって飛んでるんだ。**バチャー**ってね。ワーオ、折れないのかなって思ってるとね、何の問題もなく、両方タイヤを**パンパン**と着けてさ、すっと真っ直ぐに着地するんだ。

飛行機はね、まじめに飛ばしていれば、飛行機の操縦方法にいっさい逆らわずに規則どおり飛ばしていれば、何の事故も起きない。

ところが、誰もが飛べるっていうもんじゃないから、ときどきパイロットは、サーカスみたいなことをやりたくなるわけだ。**カーーー**って横になって、ぐるぐるって回ってみたりね、低空で飛んだり、それで事故起こすことが多い。電線に引っかかったりしてね。

また、ムースなんか上空から見つけた際には、友だちが乗ってれば「ムースだ！　あそこに、いいムースがいるぞ」って言ってさ、**イ〜〜〜ゥン**って、飛んでみたくなるもんなんだよね。

今オレが住んでる家の向かいにある「クリアー・スカイ・ロッジ」っていうステーキ・レストランとバーのオーナーは、近所の友人が何人かではじめた共同経営だったんだけど、結局、ブルースと、もう一人スベリーっていう、二人だけが残った。

スベリーは、それこそ、その当時（1980年代前半）、このあたりじゃ、こいつの右に出るものはいないっていうほどのブッシュ・パイロットだった。自然と、彼のまわりにブッシュ・パイロットたちが集まった。腕がいいと、名前がとどろき渡るからね。バーの裏手が簡素な滑走路になってるんだけど、そこに、飛行機が十機ぐらい、いつも並んでたね。

この人はね、アメリカ人でもちょっといない、っていうほど、すさまじい男だった。9月1日に猟期が始まってハンティングに行くだろ。ふつうだったら、2、3日で最初のムースが捕れるんだけど、たまに

1週間ぐらい何も捕れないときがある。するとね、スベリーは、自分で鉄砲かついで食糧も持ってね、一人で飛行機飛ばして、原野のなかに出かけて行っちゃう。で、ムースが現われそうな沼地に入り込んで、いつまでも帰ってこない。2日でも3日でも。キャンプに帰ってくるときは、ムースを仕留めたとき。手は血だらけで真っ赤っか。そのぐらい、すさまじい男だった。9月のアラスカは、白夜も終わって、夜中は真っ暗になるし、昼間はとにかく、夜は冷えるからね、ガタガタ震えるほど寒い。雪が降ることだってある。クマだって、うろちょろしてるさ。そんな状況のなかで、焚き火もしないで木の上で夜を明かすなんて、ふつうの人は、ちょっとできないよ。ほかの仲間たちが、キャンプで寝袋入って寝てるあいだに、あいつは、藪のなかに縮こまって、**じーーっ**とムースが出てくるのを待ってるんだからね。

でも、ある日、スベリーは、山んなかに向かって飛行機で飛んでいったまま、帰ってこなかった。ちょうど同じときにね、オレ、山んなかに冬の罠猟に使うトラッパー・キャビン（猟師小屋）を造ってたんだ。2匹の犬、タローとジローと一緒に、夜、メシ焚いてたら、飛行機がやたら飛んで来るんだよね。なんだ、この野郎って、あわてて火消したりしたんだけど、飛行機は、オレの頭上でくるくる回って遠ざかろうとしない。それどころか、無線で呼びあって、飛行機がどんどん集まってくる。わぁ、なんかあったのかなって、メシも食えない状態になってさ。

次の日、クリアーに帰ってきたら、あのスベリーが、行方不明になったってわかった。クリアーの飛行場からは、たくさんの飛行機が、夜通し給油しては、また飛んでいってを繰り返して、懸命に捜しまわってた。

結局、スベリーの死体も、飛行機の残骸も、2年ぐらい見つからなかった。なんで墜落したのかもわからなかった。おそらく、でかいムースを見つけて、ダイブして追跡したんだと思う。そのときに、飛行機がおかしくなったか、急角度でダイブしすぎたかなんかで、そのまんま森のなかに、突っ込んじゃった。人跡未踏なジャングルみたいなとこ、アラスカにはいっぱいあるからね。

不死身のミスター・ロチェスター

オレの家の隣り、ロチェスターズ・ロッジっていう民宿の旦那も、ハンティング・ガイドでブッシュ・パイロットだった。この人は、15回、飛行機を落っことして、15回とも、飛行機をメチャクチャにしたのに、飛行機では死ななかった。

「あの野郎は、ぜったい、今年のハンティングで死ぬな」って、近所の連中は、いつもそう噂してた。だけど、いつもカスリ傷で助かってきた。で、最後には、ガンで死んだけどね。とにかくね「あれはぁ、不思議な男だ」って、みんな言ってた。

一度なんか、奥さんを乗せて、ダーって滑走路から飛び上がった瞬間に、横風を受けて、飛行機が横になっちゃった。そこは山の裾野で、ものすごい谷があるんだ。そこから、ものすごい風が吹いてくる。で、横になったまま、木が生えてるなかに突っ込んだ。プロペラで木を数本なぎ倒して、飛行機は木に引っかかって停まった。引っかかったおかげでさ、ほら、地面に叩きつけられずにすんだんだ。ボワンボワンボワン……って感じでね。飛行機を伝って、木から降りてね、二人とも助かったんだ。

その事故を知った直後、オレ、すぐに現場に飛んでいったんだけど、ガソリンはジャージャー漏れてて、いつ火がついてもおかしくない状態だった。スーツケースの中身は、そのへんにおっぴろがってて、見るも無残だった。火事になっても大丈夫なように、オレたちは、それから、あたりの藪とか木をぜんぶ切り払った。それから冬になるのを待った。雪が降って地面が凍ったら、キャタピラーのトラクターにでっかい橇《そり》をくっつけて、**ガラガラーっ**て現場に戻った。で、飛行機を木から降ろして、ぜんぶバラバラにして、いっしょくたに積み込んで、ロープでふん縛って運んで帰ってきた。で、それをまた直した。1万5000ドルぐらいかかったって言ってたな。で、そのオヤジ、何事もなかったように、またぶんぶんその飛行機をを飛ばしてる。「クセがあるなぁ」って言いながらね。「飛行機が、どうもこっちに曲がる」とか、ぶーぶー言いながら、ハハハ。

おかしなこともあったよ。あるとき、西の方の、トークラットっていうところで、ベア・ハンティングをやってた。トークラット・グリズリーっていう、いいクマがいるんだ。秋、狩猟禁止のデナリ公園区域から、しょっちゅうサーモンを喰いに、トークラット川上流に出てくるんだ。そいつを目当てにオレたち、ハンティングをやってた。

ロチェスターズ・ロッジで作ったツナ・サンドウィッチを、いっぱいダンボールの箱に詰めて、オヤジが飛行機で運んできた。パーッと降り立った河原から、ハンティングのキャンプがあるところまで、500メートルぐらい歩くんだ。オヤジが「昼メシ持ってきたぞ。飛行機に積んであるから」って、みんなでクマの皮剝ぎながら、冗談言ってた。

そのうち、オヤジが「オー、**このクソッたれがぁ！**」って怒鳴ると、ワーッて飛行機の方に走って行った。何かなって思って、オレたちもそっちのほう見たら、なんと、クマがサンドイッチの匂いを嗅ぎつけて、飛行機のなかに入ろうとしてたんだ。紙っぺらみたいな布っきれで張ってあるような小型飛行機だから、飛行機の横っ面に、でっかい穴開けられちゃって、ツナ・サンドのダンボール箱が引き出してあった。ものすごい、でかい穴だったよ。ま、穴だけですんだから、よかったってね。オヤジ、その穴をべたべたガムテープで貼って、また飛んで帰ったけどね、ハハハ。

このオヤジも、よく飲む人でさ。なんていうの、まず肝臓やられて、そこからガンが進行しちゃって、それと同時に、パーキンソン病っていうので脳をやられちゃって、最後は強烈だったね。町の病院から帰ってきて、車イスでガラガラってリビング・ルームに入ってきた。咳したら、鼻血が**どばー**っと出て、こりゃぁ、もうぜったいに助からないなって、わかったけどね。

それでも、「おまえ、ベア・ハンティングに行く用意、できてるか？」なんて、言ってたっけね。

北極圏の空に消えたジム

アラスカの飛行機乗りなんて、もう、よっぽど運が良くなかったら生き残れないね。年がら年中乗ってるからね。商売だから。

これ、趣味で乗ってる人だったら、なーんの問題もない。自分の好きなときに、いちばん天気がいいときに、あぁ、今日は気持ちいいなぁ、ちょっと飛んでみるか。30分ぐらい乗るんなら問題ない。

でも、商売となったら、もう、天気がどうであろうとなんであろうと、それこそエンジンの調子が少々悪くても、よっぽどのことがないかぎり、飛ばなきゃなんない。ブッシュ・パイロットを専業にしてて生き残ったっていったら、よっぽど運のいい人ね。腕が良い悪いじゃなくて、運が良いか悪いか、だね。

ロチェスターズ・ロッジのオヤジが死んでから、やって来たジムは、オレの最後のハンティング・ガイドのボスだった。アラスカ山脈の麓にグレイシャスハウス・ロッジを持つ、ブッチっていう恰幅のいいアラスカ育ちの大男がいるんだけど、彼と組んでハンティング・ビジネスを手広くやってた。

この人は、ちょっと変わった人で、なんていうのかなぁ、なかなか誠意のある人だった。なんか、口うるさい、神経質な初老のオヤジって感じで、なぜそんなに人望があるのか、誰も理解できなかったんだけど、ジム、ジムって、慕ってやってくるハンターばかりだった。

たとえば、ハンターのお客さんが来るだろ。で、ムース捕りに行って、満足するような、でかいのが捕れなかったり、ちっちゃいの撃っちゃったりすると、もう、こりゃぁ悪かったと、せっかく遠くから来て、高いお金を払ってくれたのに、っていう気持ちがある。動物が、捕れる捕れないにかかわらず――野生動物相手だからね、捕れないときだって、もちろんあるさ――、やることはきちっとやってやる。昔気質のアメリカ人なんだろうね。**よーっしゃ、オレがやってやる！**っていう気構えのある人だった。オレのことも「**ナンバー・ワン！** おまえは、一番のハンティング・ガイド」なんて、よくおだててくれてたよ。

ジムは、もう、**なんっ回も、**飛行機事故に遭ってきた。

とにかく、おっかなかったのは、グレイシャスハウス・ロッジに着地しようとする瞬間だった。**パン**と、ブレーキを踏むだろ。前のタイヤに、ディスク・ブレーキがくっついてるんだけど、この片側のディスクのボルトが、ぜんぶぶっ飛んじゃった。

そんなこと知らないからね、ポーンとブレーキを踏んだ瞬間に、飛行機が**ぎゅーん**と曲がったんだ。あ

［上］デナリ・ハイウェイからセスナで飛んで、カリブーまたはムース・ハンティングに来ている。最高の秋晴れ。写真中央は、ブッチの奥さんのキャロル。（1991 年）
［中］ベテラン・パイロットで、グレイシャス・ハウス・ロッジの主人ブッチ。カターラにハンターを連れてきた。
［下］カターラにベア・ハンティングに行くところ。ジムのセスナの前で。ジムは、4 年後の 1990 年、ブルックス山脈を越えて北極圏でのカリブー・ハンティングへ行く途中、飛行機事故で亡くなる。（1986 年春）

れっと思って、こっち側へ戻したけど、飛行機はもう言うことをきかない。で、エンジン全開にして修正しようとしたら、行き過ぎちゃった。行き過ぎては戻してって、蛇行移動しながら進んでいったら、目の前に、でっかいガス・タンクが現われて、そんなのにぶつけたらたいへんだって、それを避けたら、別の飛行機が停まっているのが見えて、それにぶつけてもいけねぇからって、藪んなかに突っ込んで、木にぶつかって停まった。

その機体をバラバラにして、アンカレッジに運んで、板金屋さんにきれいに直してもらって、ペンキも塗り直して持って帰ってきて、ばらばらの機体やら部品をくっ付けて、なんとかテスト飛行までこぎつけたんだ。それでね、**まぁとにかく、**まだ電線とかなんとかが、バラバラぶら下がってる飛行機に、「**乗れ**」って言うんだよね、ハハ。

で、しょうがないから、いっしょに乗って、ぶんぶん乗り回しながら癖を調整して、ロチェスターズ・ロッジに向かった。それでも、**ギー**っと、ハンドル傾けてないと、飛行機が横に滑っていっちゃう。ちょうど、デナリ国立公園の北のヒーリーっていう町を抜けるとき、そこは谷になっていて、年柄年中、風が強いんだ。どんなに静かなときでも、あそこだけは風がぶんぶんあって揺れるんだ。その強風地帯に入ったらね、ジムが、「電線直すから、（ハンドル）持ってろ」って。**あれ、ちょっと恐ろしかったね、ハハハ。**

2人乗り飛行機の「スーパーカブ」は、小さいだけに、エンジンが停まっても、グライダーみたいにガーッて行くからね、着地する場所に、多少の凹凸があっても、どうってことない、**バァ〜ン、バァ〜ン**って、降りられる。ほかの大きめの飛行機だったら、でっかいタイヤ付けてるから、つんのめっちゃうんだけどさ。

「スーパーカブ」は、ちょっと考えられないようなところに降りれるんだ。石が、**ごーろごろ**してる上に降りるときね、すごいよ、**ダダダダーッ**、**ドバーッ**、**パパパパッ……**、あぁっ⁉って気がついたら、後ろのタイヤがぶっ飛んじゃってなくなってる。捜せないんだな、どこ行っちゃったか。で、こんど帰るとき、捕れたムースやクマの肉を積み込んで、さて、どうやって飛び上がるかなって、ジム考えるわけ。

やっぱり、このゴロゴロした石をどけなくちゃ、ダメだな。で、ひと抱えあるような石を、1日がかりでどけて滑走路を作って、ムースの肉を積んだ飛行機は、**ガーっ**て、やっとこさ上がっていくんだ。

ネコの額みたいな狭いところに、すーっと近づいて行くと、飛行機を押し付けられるような圧迫感を感じたことがある。たとえば、冷たい水が流れてる川から5メートルぐらいの崖があって、その後ろが高い山だから、水の上で空気が冷やされてるんだ。**ズズー**っと、なんか飛行機が下に引っ張られるように落ちるんだよね。崖っぷちに、タイヤつけたいんだけど、間に合いそうもない。ぎりぎりに持ってこようとするんだけど、飛行機が崖より低くなっちゃう。さすがにジムも、慌ててるね、いきなり失速したからね。いちど機体を引き起こして、また頭を下げてって、2、3回繰り返す。「**ウーッ、ウッ、ウッッ！**」ってうなりながらね。

いちばんダメージがあるのは、羽を押さえてる支柱のなかに入ってる、鋼のボルト。それをしょっちゅう取り替えてるね。それと、タイヤのランディング・ギアっていうのかな、足ね。そのパイプが曲がっちゃう。一度なんか、**グニャー**って曲がっちゃって、飛行機がかしいでる。

「だいじょうぶか？」って聞いたら、「へーきだよ。片足で、こっち使わないようにするから」って、ハハ。

ドイツからワイルドライフの写真を撮りにカメラマンがやってきたとき、ジムは、彼を飛行機で東南部のコルドバの山んなかとか、湖とか、いろいろ連れていった。飛行機がとうてい降りられないような、ちっちゃいビーバーのダムに阻まれた湖があった。そのカメラマンは、その湖に、ジムの水上飛行機がどうやって降りるか、分解写真みたいのを撮りたいって言いだした。

カメラマンが、水のなかに首まで漬かってカメラ構えて待ってて、ジムの飛行機が、陸と水面の境目ぎりぎりに着水してくるところを撮りたかったわけ。ジムは、ま、うまく着水したわけ。プロジェクトは完璧のはずだったんだけど、写真を撮ってたカメラマンがね、首を引っ込めるのがちょっと遅れて、首から先がフロートの横の棒に当たってさ、頭が吹っ飛んじゃった。

ジムは、ぜんぜん気がつかなかったさ。ただ、鈍いショックがあったって、後で言ってた。着水する瞬間って、飛行機ってものすごいショックがあるからね。その瞬間に、逃げるか、水のなかに潜るか、段取りはできてたんだろうけど、何分の1かのタイミングが狂っちゃって、頭がぶっ飛んじゃった。

ジムは、かなりショックを受けて、そりゃ、そうだよねぇ、もう飛行機飛ばしたくない、って言ったそうなんだけど、相棒のブッチが「おまえの責任じゃない」って言い聞かしてさ。まぁ、そのへんは、どういうふうに相手の家族と話しあったのか知らないけどね。しばらくして、ジムはまた仕事に戻った。もう、ずいぶん前のことだって。

撮った写真？　どうなったかねぇ。

ジムは、本当に危ない目に、いっぱい遭ってきた。アンカレッジで、ハンターのお客さんを乗せてどこかに出かけるときだった。メリル・フィールドっていう、ちっちゃい飛行機がいっぱい停まってるダウンタウンの飛行場から、ブーンって上がっていった。150メートルくらい上がったときに、エンジンが切れちゃった。**停まっちゃったの、飛行機が、上空で。**

朝、子どもたちが学校に登校してる時間だった。ジムが、上空から下を見たら、セイフウェイ・ストア（食料品店）のそばに、道が見えた。あそこへ降りようとしたんだけど、そのへんに登校中の子どもがいっぱいいたわけ。そこに飛行機を降ろしたら、子どもをすっ飛ばしちゃうのが目に見えたから、その横の砂利山とか土の山がゴロゴロある方へ、飛行機を向けた。で、一つの山にぶつかってクラッシュしてさ、ジムは両足骨折、お客の女の人は、両足骨折に加えて背骨も砕いて、今も車イスに乗ってるらしい。ジムは、その後も、片足引きずりながら、最後まで操縦桿を握ってたね。

ブッシュ・パイロットってのはね、なんか突拍子もないような技術を、持ってるんだよね。そのかわり、予期しないようなことが起こると、ほんで終わりになっちゃう。

ジムの最後は、1990年、北極圏ブルックス山脈の上空だった。

カリブー猟が始まった8月上旬、ハンターのお客さんを二人運んで、ブルックス山脈を山越えしてるときに、上空5000メートル、いやー、5000フィートって言ってたかなぁ。だから、どのくらいだ……、1500メートルくらいかな、たいして高くねえんだな。そこで、いきなり**ポッ**とエンジンに火が吹いた。煙だらけになった機内から「**メーデー！　メーデー！　メーデー！**」（救難信号）って、無線で助けを呼んだ。たまたま近くを飛んでた、同機種のパイロットから応答が入った。

「エンジンが、火事になったらしい」

「ガソリンのラインを、バルブを閉めろ。スイッチもぜんぶ切るんだ！」

「オッケイ……」

だけど、そんときはもう遅くてさ、空中爆発しちゃった。空中でバラバラになって、燃えながら落っこって、地面に叩きつけられても、まだ一部が燃えていたって。もう、誰が誰だか、どれだかなんだか、わからなかった。ジムだって判別がついたのは、**歯、歯ね**。それと、ベルトのバックルが、一つ出てきただけだった。これはね、真鍮のぶ厚いやつなんだけど、熱でひん曲がってたね、グニャって。

ジムにとって最後の飛行機となった、ヒーリオ機っていうのは、小型飛行機にしては大きいほうで、6人も乗せられた。


いやぁ、一度、ジムさんと、クリアーからアンカレッジへ飛んだんだことあるんだよね。アンカレッジの近くで、ジムが、「エンジンの音、おかしくないか？」、こういうふうに言うんだ。しばらくエンジンの音、二人で聞きながら飛んでた。なんか、コンプレッサーから空気が抜けるみたいな音がするわけ。もう、アンカレッジも間近だったから、そんときは、問題なく降りれた。

降りてから、すぐ相棒のブッチを呼んだ。この人は、飛行機のメカニックだからね。すぐカービング開けて、エンジン調べたら、スパーク・プラグの一つが抜け落ちる寸前だった。そこから、圧縮がおかしくなったんだっていうのがわかった。そのときから、この飛行機のエンジンの音が気になってたんだよね。

ま、気にすると気になる、気にしないと、それほど気になんないっていう、それぐらいの音なんだ。だけど、やっぱり、あんまりいい気持ちしなかった。ジムもそう思ってた。

で、ブルックス山脈の上空で、ついに最後はピストンがさ、シリンダーぶち破いて飛び出して、オイルがそこら中に撒き散って、火ぃついて、燃えて、で、空中爆発しちゃったわけ。

ま、いくら経験があってもさ、**空中でボーンといっちゃったらさ、もうどうしようもない**からね。ジムさんの腕なら、エンジン・トラブル程度だったらさ、どこにでも着地できたんだけど。

一緒に乗ってたお客さんは、ウィスコンシン州からやってきた父子だった。息子は13歳。かわいそうなことをしたよね、ほんと。カリブー・ハンティング、楽しみにしてたんだろうに。

オレはね、いつもだったら、一緒にハンティングに行ってるとこだったんだけど、次女が産まれたばっかりだったからね（1990年）、そのときは家にいたんだよ。

ジムが死んでから、その後も何回か、ブッチに頼まれてシープ猟のガイドに行ったけどね、今は地元で、1年に1回、近所の仲間と、食糧にするムースを取りに行く程度しか、ハンティングはしなくなったよ。

コラム

植村直己さんの命を奪ったマッキンリーの風

植村直己さんは、43歳の誕生日に世界初のマッキンリー冬期単独登頂を果たしたが、下山中の1984年2月13日の交信を最後に、消息不明となりました。なお、マッキンリー山の名称は、2015年、アラスカ先住民の言葉「デナリ山」（偉大な山）に改称されましたが、ここでは、当時のまま「マッキンリー」としました。

植村直己さんは、オレの憧れの登山家だった。植村さんが、単独でマッキンリーに登ったまま行方不明になった1984年の2月のことは、よく憶えてる。

山、すごかったよね、マッキンリーの頂上、もう、**どんくらい強風が吹いてるかわかるくらい、**もう、**すっごい！** 山のまわり、渦を巻いてるわけ。

ほんで、ちょうど、そっちの方から3人の若いインディアンと、雪の獣道《けものみち》で、スノーモービルですれ違った。3人は、自分たちの猟場に、罠をかけてきてたんだ。

「マッキンリーが、あれだけ、すごい風が吹いてるから、悪い天気がやってくるぞ、気をつけろ」って、言葉を交わしたんだ。

そしたら、その風で、植村さんがやられてた。うーん、ま、地上もかなり寒かったね、マイナス30度下ってたかな、その日。**ものすごい天気のいい日だったよ。**

第15話 動物に対する思いの変化……、あるねぇ

アラスカの空いっぱいに広がるオーロラ（イトー撮影）

30年近く、罠をかけて暮らしてきて

もう、30年近く、罠を掛けて暮らしてきた。朝5時から出かけていって、夜の9時、10時ごろ帰ってくるんだけど、そんとき、**空一面にオーロラが出ていても**、感動とか、そんなものは味わえなかったね、あのころは。

すごいのが出てるなと思っても、罠で捕れた動物とか道具が、スノーモービルの後ろのそりに積んであって、それを早くうちに持って帰って、処理しなけりゃなんない。その夜のうちに、やんなきゃなんない、っていうのが、頭にあるから、**立ち止まってオーロラを眺める余裕はなかったなぁ**。なんていうかな、そのぉ、生活に追われるというか、仕事に追われてね。

ま、オレもね、年取るにつれて、仕事に対する考え方が、ちょっと変わってきたね。独身のときは、イ

ンディアンやエスキモーの人たちと同じでさ、動物に対する哀れみたいな気持ちはなかった。たとえば、これは極端な話だけど、リンクス（ヤマネコ）が罠に掛かってると、それが100ドル札に見えた、うん。オオカミなんか掛かってると、100ドル札が、さらにズラズラならんでいるようにさ、まるで幻覚症状だよね、これ。ところが、結婚して、女房や子どもという家族を持ってからは、だーんだんと、オレのなかに迷いが生じてきたんだなぁ。オレは、動物を虐待しているんじゃないかってな、後ろめたいような思いが染み込んできた、**じわじわー**ってね。

たとえば、家にオオカミとかヤマネコとかを持って帰ってくると、子どもは無邪気に喜んでるけど、カミさんのほうは動物を見てさ、あぁ気の毒だな、さっきまで生きていたのに、っていうような目の色してるんだな。顔は笑っていてもさ、目でわかる。口には出さなくても、オレにはひと目でわかるわけよ。それで、だんだん、なんかね、狩猟とか、罠猟に対する考え方が、変わってきたようだねぇ。ま、**オレも年取った**、っていうのもあるんだけどね、ハハハハ。

そのころ、80年代の終わりごろね、ヨーロッパで毛皮のボイコット運動が始まったんだ。アラスカの毛皮の90%がヨーロッパに行ってたから、それが売れなくなって、だぶついて、もう罠猟師たちが生活できないくらいに値段が下がっちゃった。困ったなぁ、生活できない、家族が路頭に迷っちゃうなぁ、と思ったよ。

毛皮の値打ちとかは、もうずいぶん変わっちゃってるから、おそらく以前のような相場に戻ることはないと思うね。

でもね、ヨーロッパの毛皮ボイコット運動をやってる人たちが、毛皮流通の現状を調べたんだ。そして、わかったことはさ、いちばん困ってるのは、先住民とか、オレたちみたいに罠猟師だっていうこと。ボイコット側が、いちばん攻撃したかった、本家本元の「毛皮ファクトリー」っていうのは、じつは、ぜんぜん困ってなかったんだよねぇ。

それじゃぁ、罠猟師に不公平だからって、ボイコットやめてくれて、そんでまた、毛皮の値打ちとかが戻ってくれれば、オレも復活して、がんばれるんだけどねぇ……。

罠猟というのは、スポーツじゃないんだよね

ハンティングのほうは猟期が限られてるから、まだやってるよ。毎年9月になると、ムース（ヘラジカ）っていう、ウマみたいに大きな動物を捕るんだ。

地元の仲間、クリアーの隣近所の5、6人と連れ立って出かけていって、1か月のあいだに、2、3頭捕ったら、それをみんなで均等に分ける。このムースの肉が、オレたちの冬の生活を支えてくれてるんだよね。**冷凍庫にその肉がいっぱい**になると、米びつにお米がいっぱいになったような気持ちになって、もう、**ひと冬心配ない**と、そういう感じ。

ムース以外の狩猟としては、そうね、たとえば年取ったインディアンのオヤジから、クマ撃ちを手伝ってくれとか、近所にクマが出たから追い出してくれとか、クマを捕ったから皮を剝いてくれとか、そういう頼まれごとは、しょっちゅうあるね。

ま、オレも、丸くなったっていうことかね。子どもと一緒に、ネコや犬、リス、ウサギ、あるいはクマ

とか野生動物の写真を見てさ、「わぁ、かわいい」とか言ったり、聞いたりしてるとさ、それをスポーツとして捕る、楽しみとして撃つ、というのは、どうも最近、納得がいかなくなってきたんだよね。生活のため、食べるためだったら、背に腹は変えられずで捕るけどさ。スポーツ・ハンティングにつきあうのは、もうやめた。

ただ、ハンティング目的で来るハンターのガイドは、要請されれば、お金の問題とかもあるんだけど、条件が折り合えば、これはやっぱり家族の収入になるから、行くけどね。だけど、自分から積極的にガイドしようという気持ちは、もうないね。自分からハンティングのガイドの仕事に専念しようっていう気持ちは、もうまったくない。

猟っていうのは、**スポーツとか楽しみでやっちゃいけないんだな、**っていうのが家族を持って、ようやくわかったっていうことかな。お腹がすいて、**もーう**どうしようもないと。これを食わなきゃあ自分が死ぬぞと、そういう状況になるまで、野生動物とかは捕っちゃいけないんだと、はっきりわかったね。

ハンティングはさておいて、罠猟というのは、スポーツじゃないんだよね。罠という性格上、あれをスポーツとして見ることはできない。生活のために毛皮を捕るというのなら話はわかるけどさ、楽しみで罠をかけるっていうのは、ふつうじゃぁ、ちょっと考えられないよね。罠を使ってする猟と、鉄砲を使ってする猟は、ぜんぜん違う。**罠猟は遊びじゃあできない**と、オレはいつも思ってるんだけどね。あれは、動物と人間の必死の闘いだからね、うん。

現在、二人の娘たちは、もうすっかり大人になって、それぞれの道を歩んでいる。
［上］長女・七絵にとって、初めてのアラスカの冬。（1986年、1歳半ぐらい）
［中］次女は、短い夏のアラスカに生まれたので「夏子」と名付けた。（1992年頃、1歳半ぐらい）
［下］イトーの自宅前で。写真左は、すずきひさこ。（1991年頃、宇土康宣氏撮影）

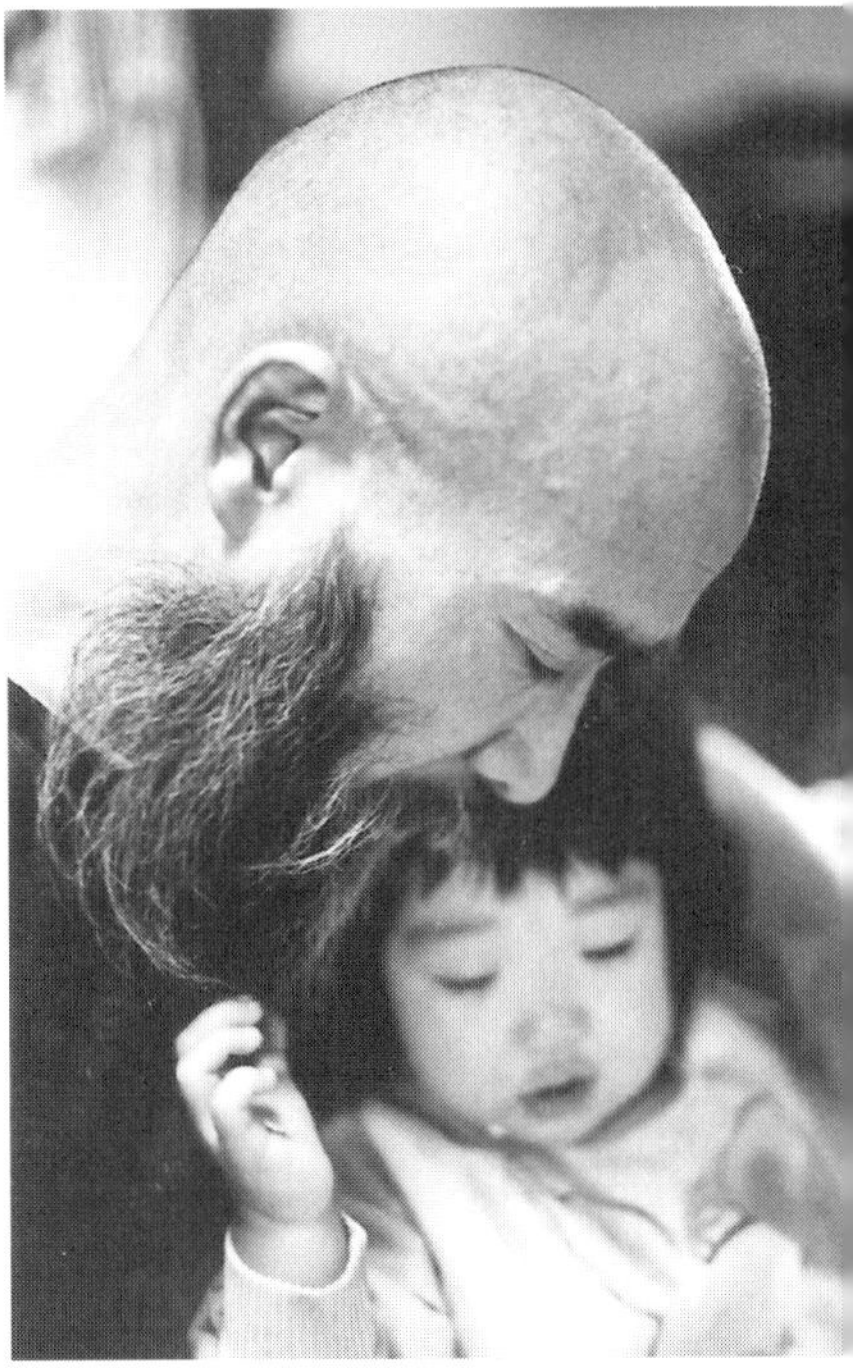

罠猟は、やろうと思えば、70、80歳までできる

ハンティングできる年齢っていうのは、つまり、ガイドとして現役で仕事できるのは、オレの場合、あと数年だろうね。体力仕事だからね。

だけど、罠を掛けるトラッピングっていう仕事は、タイム・リミットがない。**だーれも知らない**猟場のちっちゃな小屋のなかで死んでて、ミイラ化して発見されたっていう、**罠猟師の最期**を聞いたことがあるけど……。

罠猟は、そうね、やろうと思えば、70、80歳までできる。零下のなかで仕事する、これもまた体力仕事なんだけどね、**ハハハハハ**。

栗秋正寿「わな猟師との出会い」

栗秋正寿さんは、1998年3月8日、植村直己さんが冬季単独登頂に成功するも帰還を果たせなかった、マッキンリーの冬季単独登頂および帰還に、日本人で初めて成功しました（冬季単独登頂は世界で4人目、史上最年少）。栗秋さんは、下山後、リヤカーを引いて、アラスカ縦断1400キロの旅を行ない、その途中で、イトー宅にも立ち寄りました。その登頂と縦断の記録として、著書『アラスカ垂直と水平の旅』を著わされています。

トウヒ、白樺、アスペンの森が果てしなく続いている。空を見上げると、雁の群れが寂しい鳴き声とともに列を組んで飛んでゆく。

アンカレッジから北へ四五〇キロ、空軍基地やアラスカ鉄道の駅があるクリアーの町にさしかかった。のんびりとハイウェーを北上していると、ダンボール製の看板が目に入る。

「クリアキ・カリブー、『北へ』の旅をガンバレ！」

「あなたは今ここです（地図）。よかったら我が家でひと休みしませんか？」と、日本語と英語で書かれている。

これが、伊藤さん一家との出会いのきっかけだった。一家は私の旅を地元の新聞で知り、ここクリアーを通る時期を予想して看板を立てたとのことだった。

伊藤さん宅では、〝ひと休み〟のはずが夕食までご馳走してもらうことになった。食卓に並んだムースのカツレツやカレーは絶品だった。なんと、伊藤家のご主人である精一さんが猟で仕留めたムースとのこと。

皆で夕食をとりながら、話がはずむ。精一さんが永住するようになったいきさつ、狩猟、とりわけわな猟でのエピソードなど、話のすべてが興味津津。

一九四〇年、東京生まれの伊藤精一さんは、アラスカに移住して二五年になる。狩猟・わな猟で生計をたてている唯一の日本人である。家族は、妻の久子さんと長女の七絵さん、次女の夏子さんの三人だ。

会社員だった精一さんは、趣味のオートバイでの事故を機に退職。一九七三年、以前から憧れていたアラスカへ単身で渡る。昔のインディアンの生活をしてみたいという強い思いがあったからだ。

裸一貫で来たアラスカ。持っているものは、やる気だけである。当初は皿洗いやコック見習いなどでなんとか食いつなぎ、あちこちでキャンプ生活もした。

その後、「トラッパー」と呼ばれるインディアンのわな猟師に弟子入りする。やがて師匠から猟の腕を認められ、聖域とされる狩り場の一部を譲り受けるまでになる。日本人としては初めてのことだろう。

彼の話す独特の世界に、私はすっかり引き込まれてしまった。

わな猟ではミンク、テンなどの小動物から、ビーバーやリンクス（ヤマネコ）、オオカミなどを捕る。クマやムースなどの大型動物は、わなではなくライフル銃を使う。

「狩猟の醍醐味は、動物を仕留めるまでの過程にあるんだ」と精一さんは言う。

狩猟はまさに、野生動物との知恵比べ。相手も賢いので、わなはひとつだけでなく、ニセものを仕掛ける場合もある。また、クマやドール・シープ（山岳ヒツジ）などの猟では、地形を考慮しながら風下から忍び寄り、絶対に逃げられない場所まで追い詰めていく。それが精一さんの最も充実する時であろうことは、想像に難くない。

「肉や毛皮は必要以上に捕らない。捕りすぎると、結局は自分の首を絞めることになるからね。捕った肉は、脳みそから足先まですべて食べられる。だから、スーパーで肉を買うこともほとんどないね」

（以下略）

（栗秋正寿『アラスカ垂直と水平の旅――冬季マッキンリー単独登頂とアラスカ１４００キロ徒歩縦断の記録』山と渓谷社、２０００年より）

栗秋正寿（くりあき・まさとし）

登山家。冬季アラスカ山脈登山の第一人者。冬季マッキンリーを単独登頂（世界で４人目、史上最年少）、冬季フォレイカー単独登頂（世界初）、植村直己冒険賞受賞。

あとがき

編集・構成・写真　すずきひさこ

この本は、1986年から98年にかけて、今や懐かしきカセットテープ・レコーダーに録音しておいた、伊藤精一氏の語りを文章化し、まとめたものです。当時のイトー氏は、トラッピング（罠猟）やハンティング・ガイドの仕事に、一番脂がのっている時期でした。また、彼が体験してきた70年代から80年代にかけてのアラスカは、「ラスト・フロンティア」（最後の開拓地）として、大自然と野生動物、そこで必死に生きる人間たちのドラマチックな姿が多く残っていた、古き良き時代でした。

イトー氏の語りは、アラスカ州内陸部のクリアーの自宅で、当時、妻であったわたしが、日本からの訪問者が来るたびに、皆さんの座っているテーブルの前にテープレコーダーを置いて、録音したものです。そもそも、録音のきっかけとなったのは、1989年の夏、朝日新聞の佐藤洋子記者が、わざわざ1週間、わたしの取材に来た時です。わたしは、アラスカに移住を始めて、まる一年が経っていた頃でした。佐藤さんは、近くのロッジに泊まり込んで、毎日、クリアー・スカイロッジ裏の奥まった林に建つイトー家のキャビンに通ってきました。わたしの取材は早々に終えたのに、イトー氏の話がおもしろくて、佐藤さんはカセットレコーダーを回し続けました。そして、帰国するときに、わたしにすべてのテープを残してくださったのです。それ以来、わたしがイトー氏の話の録音担当者となったわけです。

アラスカの原野での一人暮らしが長かったイトー氏は、自分では気づいていなかったのですが、生来の語り部《ストーリー・テラー》です。登山家の栗秋正寿さんが「伊藤さんの話す独特の世界に、私はすっかり引き込まれてしまった……」（本文253頁より）と書いてくださっていますように（栗秋さんは、マッキンリー登頂成功後に徒歩でアラスカ縦断をした際に、わが家に寄ってくださいました）、訪問された皆さんを「誰でも虜《とりこ》にしてしまう」のでした。

当時のイトー氏は、50代。凄みのある顎《ひげ》と長髪のポニーテールがトレードマーク（その後、自分で丸坊主に頭を剃ったのですが）。長い髭の奥から、濁声で、アラスカの動物や自然の脅威と神秘を語ったかと思うと、アラスカの一癖も二癖もある友人知人らのとんでもない生きざまや、さらには、自分が死にかかったことまで笑い話にして、皆さんを爆笑させたりしました。生身の体で生命をかけてきたアラスカ体験が、イトー氏の語りの物語性、ユーモア、ウィットを生み出しているのだと思い、いつか本にまとめる日がくるかもしれないと思って録音をつづけたのです。

＊

録音テープは、90分から120分のもので、35本を超えています。語りの面白さは、臨場感あふれる体験にあるのはもちろんなのですが、彼の独特な語り口調にもあり、それを伝えないとせっかくの面白さが半減してしまうと思いました。テープ起こしを始めたとき、「まーね」「うん」などのつなぎ言葉、「へ、へ、へ」「ハーッハッハッ」とかの笑い声、「ガーッ」「ド、ド、ドーー」といった擬音（?）、間の置き方、隠語の乱用、言葉の強弱、手を動かす仕草まで、できるだけ忠実に当時の「ワープロ」に書き起こしました。

今回、本にまとめるにあたり、できるだけそれを生かしたいと思いました。本文内で**太字に**なっている箇所は、録音した話の中で、イトー氏が、力を込めてしゃべったり笑ったりしているところです。また後述しますが、語り口を生かすために、時制も録音した時点のまま（1986～98年）になっています。

今から思えば、とてつもない時間をテープ起こしに費やしたものです。訪問客がいらっしゃるたびに、イトー氏は、今日は何の話をしようかなと考えているわけではないので、思いついたままに話はポンポンと飛んでいきます。また、お客さんが帰った後に、ぽろっと続きを語り出したり、短い思い出話が口をついて出てくることもあったので、忘れないうちにノートに走り書きしたりしていました。

この膨大なテープ起こしをもとに、重複した話題を整理したり話を構成しなおして（実際にハサミで切って原稿をつなげたり）、読みやすくまとめていくという作業を、何冬も、何冬も地道に続けました。クリアーは、零下40～50度にもなる極寒の地であり、人家もまばらな「散村」です。冬至前後は、日照時間がわずか4時間弱という長い夜、二人の娘を寝かせつけてから、お風呂場を現像所に替えてモノクロ写真の現像を徹夜でしたり、家の前に三脚を置いてオーロラが出るのを待ち続けたり、「ワープロ」でテープ起こしをしたり、わたし自身のアラスカ体験談を書いたり、100年前にアラスカに移り住んだ日本人開拓者の文献調査などをしていました（わたし自身の体験談は別の本、拙著『ママは陽気なアラスカン』（2002

年、文芸社〕にまとめました）。どこにも出かけるところがないような場所に住んでいたからこそ、そのような作業に専念する時間があったのは幸いでした。

アラスカに移り住むまでのわたしは、東京で数年間、編集者として働いており、聞き書きの本も手がけていました（増山たづ子著『ふるさとの転居通知』情報センター出版局、1985年）。日本の都会からアラスカに数か月間一人旅に来たわたしが、イトー氏に出会い、結婚し、その後、クリアーに移り住んだいきさつ、わたしの目を通して見た〝日本人罠猟師一家〟の一年の暮らしにご興味がある方は、前記の『ママは陽気なアラスカン』をご覧になってください。

その後、2000年代に入ってから、イトー氏とわたしは別々の道を歩むことになりました。わたしは二人の娘たちを連れてクリアーを離れ、シングルマザーとなりました。以降、フェアバンクス市に在住しています。早いもので、娘たちはすでに成人し、現在はフェアバンクスを離れ、それぞれ別の道を歩んでいます。

今回、この本をまとめるにあたり、10年ぶりくらいに改めて原稿を読み直しました。素直に「おもしろい！」と思いました。元夫という関係性を通してではなく、一人の孤高の日本人猟師の臨場感あふれる〝アラスカ狩猟物語〟として読み直すことができ、一冊の本としてまとめることができたのは、時間のおかげだと思っています。

＊

最初に書きましたとおり、この本の内容は、本人の記憶をもとに語られたものですので、時間のズレ、事実関係の思い違い、英語の聞き違いなどもあると思います。しかし、大切なのは、厳しいアラスカの大自然の中で必死に生きた一人の日本人猟師の体験だと思いますので、イトー氏の記憶の中の出来事を尊重して編集していきました。また、担当編集者の内田さんと相談のうえ、事実関係についても、裏付けは、最小限に留めました（内田さんには、イトーさんの語る動物や人間の世界は、まるで昔の「民話」を読んでいるようで、修正なんかすべきじゃないですよ、と言われました）。登場人物はほぼ実名を使っていますが、一部、プライバシーに配慮して仮名とさせていただきました。

この本の巻頭にも書きましたが、現在では、アラスカ先住民のことを「アラスカ・ネイティブス」と呼称し、先住民《ネイティブ》の人たちが自分たちの出身を言うときは、「アサバスカン」（さらに細かな種族のグループ名で自称することもあります）や「ユピック」などの種族名を語ります。イトー氏の語りの中では「インディアン」「エスキモー」という言葉がよく出てきますが、これは、当時のアラスカでは、先住民本人を含めて、まだこのように呼ぶことが多かったため、歴史的な事実としてそのまま使用しました。第10話「トムは、オレの罠猟のお師匠さん」にもあるように、イトー氏は、先住民のトムさんのことをそれはそれは敬愛し感謝していますし、先住民に信頼と尊敬の念を込めて昔ながらの呼び方をしていることは、本書を読んでいただければおわかりいただけると思います。

*

２５１頁のわが家の家族写真を撮られた宇土康宣さんは、１９８８年にデナリ・ハイウェイでモーターホームを運転する宇土さんとご家族にお会いして以来、ほとんど毎夏、釣り仲間たちとともにクリアーに訪ねてきてくださいました。多い時は、岩手県の山登りのお友だち総勢11人、狭い家にひしめきあって座って、イトー氏の自慢のクマ肉カレーやムース肉のステーキを食べながら、イトー氏の話に、皆さん、笑ったり泣いたり、しんみりしたりしながら聞き入っていました。宇土さんが毎年来てくれたおかげで、イトー氏からたくさんの話を聞くことができました。ありがとうございました。

また、野田知佑さん、栗秋正寿さんには、会話の収録やご著書から転載だけでなく、推薦文までいただき、心より感謝いたします。

これまで述べてきたほかに、イトー氏の話のよい聞き手になってくださいました方々――元アラスカ在住で犬ぞり冒険家・舟津圭三さん（著書『アラスカ犬ぞり物語』七賢出版）と奥さまの恭江さん、4年3か月かけて自転車で世界一周5万5000キロを走っている途中で立ち寄られた坂本達さん（著書『やった。――4年3ヶ月の有給休暇で「自転車世界一周」をした男』幻冬舎文庫）、世界を股にかけた冒険倶楽部・泉谷玄太郎さんと新婚旅行で同伴した奥さまの恵子さん、ドキュメンタリー・ジャパンの山田礼於監督とカメラマンの長田勇さん、オオカミが大好きで（カワテさん〔207頁参照〕が操縦する小型飛行機で）何度もオオカミを探しにいった岡林秀治さん……、ここに書ききれなかった日本からの友人知人たち、皆さまのおかげで、35本もの録音テープがたまりました。ありがとうございました。

この本を刊行するにあたっては、大学のゼミ（岩井ゼミ）の後輩であり、作品社のベテラン編集者の内田眞人さんにたいへんお世話になりました。また、編集部だった杉山一樹さんにもお世話になりました（残念ながら、この本が刊行になる前に退社されてしまいました）。内田さんとは、大学卒業後まもなく、編集仕事の調べ物で訪ねた大宅壮一文庫（東京世田谷区）で居合わせて以来、友情が続いています。この本を出すために、長年の敏腕編集者としての経験と情熱を全力で注いでくださっている様子は、遠く離れたアラスカからでも、ひしひしと感じられました。おかげさまで、素晴らしい本になりました。乾杯！ ありがとうございました。

＊

イトー氏がどっぷりと〝アラスカ狩猟生活〟に浸っていた頃から、すでに30年もの歳月が流れています。「ラスト・フロンティア」と呼ばれたアラスカにも、その大自然や野生動物、夜空にゆらめく極北のオーロラを一目見ようと、世界中から多くの観光客が押し寄せて来るようになりました。開発によって原生林が切り拓かれ、温暖化によって多くの氷河が消え、かつて内陸部では華氏で零下60度（摂氏零下約51度。車のタイヤが「四角」に凍ってしまうほどです）にもなったものですが、今では零下40度（同・零下40度）に下がることはほとんどないなど、その姿を変えつつあります。また、イトー氏も語っていますように、毛皮の暴落や化学繊維の発達などによって、罠猟だけで生計を営むのは、現在では、たいへん困難な状況になっています。

本書で語られるイトー氏が体験してきた狩猟生活は、アラスカがまさに「ラスト・フロンティア」であった時代の、大自然と野生動物、そこで必死に生きる人間たちの織りなす〝最後《ラスト》のラスト・フロンティア物語〟の一つとなるかもしれません。

〝むかしむかし、こんなところに日本人の猟師がおりまして……〟といった「むかし話」として、読者の皆さんに楽しんで読んでいただければ幸いと思っております。

最後に、イトー氏にとってこの本は、大好きなアラスカの大自然と、そこで出会った人々との想い出がぎっしりと詰まった、人生の集大成となりました。本書の出版が、２０２０年にちょうど80歳を迎えるイトー氏にとって、傘寿のお祝いと重なったことは、喜ばしい限りです。

２０１９年11月19日——アラスカ州フェアバンクス市にて、摂氏零下19度

［追記］

現在、イトー氏はクリアーで静かに老後を過ごしていますので、プライバシーの尊重をお願いいいたします。

本書の以下の写真は、すずきひさこ撮影です。

カバー(表), p15(上下), p25(上), p27, p29(上下), p51(上下), p53(3点とも), p117, p139(上下), p157, p170, p181, p185(上下), p208(下), p250(上中).

[編集部注]

掲載写真の一部は、肖像権などに配慮して、修正を加えております。

[著者紹介]

伊藤精一（イトー・セイイチ）

「クレイジー・ジャップ」「伝説のハンター」「トラッパー・イトー」などと呼ばれる、アラスカの猟師。

1940年2月4日、東京都府中市に生まれる。青年時代は、オートバイに夢中になり、「カミナリ族」から始まって、モトクロスのアマチュア・レーサーとなる。しかし怪我によってレースを断念し、登山を始め、アラスカでの狩猟生活に興味を抱く。

1972年、3か月の休暇をとって、初めてアラスカを訪れる。翌73年、二度と日本の土を踏まない覚悟で、アラスカへ渡る。フェアバンクス市の隣りのノースポール市のレストラン「クラブ・トーキョー」で何年か働いたのち、1970年代末に、アラスカ内奥部のデナリ山(旧マッキンリー山)近くのクリアーに移住。ここで、先住民のトムさんが代々受け継いできた、全長150～200キロにおよぶ広大なトラップ・ライン（罠猟場）を譲り受け、日本人として初めて本格的な“トラッパー”（罠猟師）となる。

冬は、この“トラップ・ライン”のある大雪原での罠猟に専念し、春と秋はハンティング・ガイドとして、世界からやって来るハンターたちをガイドして、グリズリー、ムース、ドール・シープを追いかけ、アラスカの原野や山脈を北へ南へ飛びまわるという狩猟生活を、30年近くにわたり続けた。現在は、すでに罠猟・ハンティングともに引退し、クリアーで余生を楽しんでいる。二人の娘がいる。

本書は、生傷絶えない肉体が体験してきた“アラスカ狩猟人生”について、1986～98年頃にかけて録音された語りをまとめたものです。

[編集・構成・写真]

すずきひさこ

東京生まれ。日本大学新聞学科卒業後、編集プロダクションで編集の仕事に従事。1986年、アラスカへ長期の一人旅をした際に、伊藤精一氏と出会い、結婚。1988年、日本で産まれた長女とともに、アラスカへ移住。クリアーから、日本人罠猟師一家のアラスカ暮らしの記事を発信。2001年、東京の動禅指圧の永井幹人先生に師事し、アラスカでマッサージ師の資格を取る。2002年、フェアバンクス市へ引っ越し、施術院を開く。

著書に、『ママは陽気なアラスカン――わたしのアラスカ・デイ・ドリーム』(2002年、文芸社)、翻訳に、絵本『リリィおばあさん なげキッス！』(ナンシー・W・カールストローム著、1998年、偕成社）がある。

俺のアラスカ
伝説の“日本人トラッパー”が語る狩猟生活

2020年1月 5日 第1刷発行
2020年9月10日 第3刷発行

著　者――伊藤精一
編集・構成――すずきひさこ

発行者――和田 肇
発行所――株式会社作品社
102-0072 東京都千代田区飯田橋2-7-4
Tel 03-3262-9753 Fax 03-3262-9757
振替口座 00160-3-27183
http://www.sakuhinsha.com

編集担当――内田眞人＋杉山一樹
本文組版――デルタネットデザイン：新井満
装丁――小川惟久
印刷・製本―シナノ印刷㈱

ISBN978-4-86182-738-9　C0095